Ina Kleinsteuber

Ich habe den Löffel nicht abgegeben!
Rückkehr nach Armenien
Reiseimpressionen

Ich habe den Löffel nicht abgegeben!

Rückkehr nach Armenien

Reiseimpressionen von I. Kleinsteuber

Bibliografische Information der Deutschen Nationalbibliothek:
Die Deutsche Nationalbibliothek verzeichnet diese Publikation in der
Deutschen Nationalbibliografie; detaillierte bibliografische Daten sind
im Internet über http://dnb.dnb.de abrufbar.

© 2017 Ina Kleinsteuber
Herstellung und Verlag;
BoD - Books on Demand, Norderstedt

ISBN: 978-3-7431-7917-2

Vorbemerkung

Dieser Bericht erhebt weder den Anspruch politisch korrekt zu sein noch detailliert recherchierte wissenschaftliche Erkenntnisse wiederzugeben. Es handelt sich um eine (durchaus subjektive) Erzählung über Begegnungen, Eindrücke und Erlebnisse mit und in einem bemerkenswerten Land.

I. Kleinsteuber, August 2016

Vorgeschichte

Es ist Mai. 2012.
Nach einigen anstrengenden Wochen in Afghanistan geht es nach Hause. Doch die Reise soll nicht komplikationslos verlaufen: Zwischenlandung in Yerevan. Vogelschlag mit Verdacht auf Triebwerksschaden. Das hat noch gefehlt!
Wir sitzen in unserem Airbus und keiner weiß, wie es weiter geht. Die Crew ist am Telefonieren und bittet uns, Ruhe zu bewahren.
Die Zeit verstreicht in zähen Schwaden. Einer der Flugbegleiter holt die verbliebenen Vorräte aus den Staufächern des Flugzeuges. Abendessen.
Mittlerweile ist auch eine Bordtoilette voll und abgesperrt. Wir haben also nur noch eine zur Verfügung. Und noch immer herrscht Ahnungslosigkeit.
Die Crew informiert uns, dass wir nicht starten können, bevor das Triebwerk nicht überprüft ist. Ein Techniker kann aber an einem Sonntagabend nicht mehr zur Verfügung gestellt werden. Eine Ersatzmaschine steht in Deutschland auch nicht bereit, so die Verlautbarung. Es heißt also weiter ausharren.
Irgendwann wird ein schneidiger junger Mann zum Flugzeug gebracht. Gespräche, Telefonate und Diskussionen folgen. Es war wohl der Botschafter. Wir werden gebeten, weiter geduldig zu sein. Es muss abgeklärt werden, was mit uns geschieht. Immerhin sitzen wir in Uniform in einem fremden Land fest und können nicht so einfach draußen herum spazieren.
Langsam drückt sich der Geruch der Bordtoilette durch die verschlossene Tür in den Fluggastraum. Wir sind erschöpft und doch extrem angespannt.
Dann kommt das Signal zum Verlassen der Maschine. Wir

werden aufgefordert nur das kleine Handgepäck mitzunehmen und noch einmal nachzusehen, ob wir auch ja keine scharfen Gegenstände dabei haben. Als ich aufstehen will, drückt mir der Kamerad, der neben mir sitzt, einen Besteck-Satz in die Hand: "Steck das ein!" Ich schaue ihn völlig verwirrt an. "Du bist eine Frau, dich werden sie nicht so sehr filzen. Vielleicht können wir es noch brauchen. Oder weißt du, was jetzt mit uns geschieht?" Mit einem dicken Kloß im Hals und nicht ohne Angst verberge ich das Besteck in den Untiefen meiner Uniformtaschen. Dann verlassen wir die Maschine. Wir werden unter ein Schleppdach geführt. Dort heißt es wieder warten. Am Rande laufen die Beratungen darüber, wer unter welchen Bedingungen in dieses unbekannte Land Armenien einreisen darf. Kaum jemand von uns hat einen Pass dabei. Das macht die Angelegenheit nicht leichter.

Die Sonne senkt sich bald, es wird kalt und wir harren noch immer unter dem Dach an einem Gebäude unbekannter Funktion aus. Ich fische nun meine Jacke aus dem Rucksack, die meine Kameraden vor einigen Stunden, als wir bei weit über 30°C in Afghanistan das Flugzeug bestiegen, belächelt hatten. "Was willst du denn damit?" wurde etwas abfällig auf meine Gepäckzusammenstellung geschaut. Belächeln tut nun niemand mehr die Jacke, denn minütlich kriecht die Kälte mitsamt der Unsicherheit einem jeden tiefer unter die Kleidung und unter die Haut.

Nach und nach werden die ersten vom Bedürfnis heimgesucht, eine Notdurft zu verrichten. Einer der Wachmänner begleitet uns auf die Toilette. Die Männer in Gruppen zu maximal fünf, die Frauen alleine. Das liegt aber daran, dass wir nur zwei Frauen hier sind. Zumindest wartet der Mann vor der Kabine. Ich komme mir gefangen vor. Was ist das für ein Land, in dem wir gelandet sind? Armenien?! Ich muss mir eingestehen, dass ich keinen Schimmer habe von Land und Leuten. Ist es einer der 'Schurkenstaaten'? Sind es Freunde? Nach drei Monaten am Hindukusch tendiere ich in dieser Nacht vorsichtshalber in Richtung 'Schurkenstaat' und bekomme das Misstrauen nicht aus mir heraus. Wieder zurück unter dem Schleppdach hat sich an der Gesamtlage nichts verändert. Wir versuchen uns Mut zuzusprechen und ertragen geduldig die Lage, an der wir nichts ändern können. Der Wachmann neben uns scheint die Unsicherheit zu spüren, denn ganz plötzlich stupst er mich sachte an und weist mit dem Finger nach links in die Ferne. Wir schauen seiner Hand hinterher und erkennen mit Mühe eine Kontur am Horizont. "Ararat" sagt er und ein stolzes Lächeln huscht über sein ernstes Gesicht. Etwas unbeholfen beginnen wir eine kleine Kommunikation in gebröseltem Englisch. Ganz vorsichtig, man will nichts falsch machen. Und dennoch wird schnell klar, dass dieser beeindruckende Berg, der dort in den Himmel ragt, der heilige Berg Ararat ist. Ein kleiner Zweifel am eigenen Misstrauen steigt in mir hoch. Können diese Menschen Bewohner eines 'Schurkenstaates' sein, wenn in ihren unergründlichen Augen so viel Wärme liegt, beim Blick auf diesen Berg? Letztlich siegen aber die prägenden Erfahrungen der letzten Wochen und ich bleibe misstrauisch. Selbst der Ararat kann daran im Moment nichts ändern.

Es ist schon dunkel als einige wackelige Kleinbusse am Flugfeld eintreffen. Mit ihnen Uniformierte, die eine wenig freundliche Präsenz ausstrahlen. Laute, unverständliche Kommandos fliegen durch die kalte Frühsommernachtluft, dann werden wir gruppenweise in die Busse verfrachtet und abtransportiert. Wo mag es jetzt hingehen? Mein 'Besteck-

Kamerad' und ich tauschen tuschelnd unsere Ängste aus. Irgendwie erwarten wir, dass wir jetzt in eine alte Turnhalle gekarrt werden und von der Bundesrepublik Lösegeld für unsere Freilassung erpresst wird. Mein Blick geht hinaus in die Nacht und ich bin erschrocken über meine eigene Ahnungslosigkeit. Ich weiß nichts über dieses Land. Wenn der Bus am Straßenrand anhält, dann weiß ich in Afghanistan und im Kosovo, dass ich tunlichst nicht den unbefestigten Straßenrand betreten sollte, weil dort Minen auf mich warten könnten. Aber in Armenien? Es liegt völlig im Dunkeln.

Die ersten Lichter der Stadt tauchen den rumpeligen Bus in ein bizarres Flackerlicht. Plötzlich hält er an. Der Bewacher lässt uns aussteigen und bald findet sich die ganze Gruppe in der Lobby eines modernen Hotels wieder. Keine Turnhalle.

Ich bekomme die ganzen Eindrücke nicht zusammen. Ich kann dem Frieden nicht wirklich trauen, erwarte hinter jeder Ecke das böse Erwachen. Es wird aber nicht hervorkommen. Wir werden auf die Zimmer verteilt und den Rest der Nacht in einem guten Yerevaner Hotel verbringen. Seit Monaten eine Badewanne. Es ist alles so unwirklich. Die Anspannung liegt kalt und drückend auf mir, wie ein schwerer durchnässter Wollmantel. Mir fehlt die Kraft, ihn abzustreifen.

Beim Frühstück wieder Vorsicht. Was kann man in Armenien essen? Wir besinnen uns auf die sinnvollen Regeln für Urlaub und Einsätze und füllen unsere hungrigen Mägen. Dann heißt es wieder abwarten. Wann wird der Flieger wieder flugtüchtig sein? Wir setzen uns auf eine Bank vor dem Hotel. Schauen uns die Stadt und ihre Menschen bei Tageslicht an. Es ist ungewohnt, sich nach drei Monaten in beigefarbener Wüste und Wohncontainern den Farben der lebendigen Stadt ausgesetzt zu sehen. Noch nie in meinem Leben habe ich so viele Ladas fahren sehen. Die jungen Frauen schlendern gut gelaunt über die gelben Zebrastreifen und die Kinder äugen uns neugierig an. Langsam hat sich die Spannung bei uns doch gelöst, die freundlichen Blicke der Armenier haben mir den schweren Mantel von den Schultern genommen. Wir plaudern unbedarft über die Fülle dieser Eindrücke. Ich wühle in meinen Taschen. Hole das Besteck raus. Mit einem betretenen Kopfschütteln schaue ich meinen Kameraden an. Er nickt mit dem Kopf und ich werfe Messer und Gabel in einen Mülleimer. Wir werden sie nicht brauchen. Den Löffel jedoch verstaue ich wieder.

Plötzlich kommen zwei Jungs auf uns zu und fragen, was wir denn hier tun. Sie fragen uns auf Deutsch. Wir staunen um die Wette. Die Burschen lernen die deutsche Sprache in der Schule und wir erzählen ihnen kurz unsere Geschichte. Freudestrahlend über die spannende Begegnung laufen sie lachend wieder davon. Wir bleiben sprachlos auf der Bank zurück.

Gegen Mittag werden wir abgeholt und zum Flugzeug gefahren. Bei Tageslicht erkennen wir die imposanten Bauten der Stadt. Hier und da fühle ich mich an die ehemalige DDR erinnert. Ich weiß noch nicht, dass diese Eindrücke nicht dem Zufall entspringen. Aber ich werde es erfahren und noch so vieles mehr.

Es ist Mai. 2014.
Ich lese ein Buch und es lässt mich kaum los. Franz Werfels "Die vierzig Tage des Musa Dagh". Dieses Armenien und die Geschichte seines Volkes haben mich gepackt. Zwei Jahre nach dem Yerevaner Vogelschlag bin ich noch immer beschämt. Darüber, dass ich aus purer Unwissenheit, wenn

auch in Verbindung mit einer durchaus speziellen Gesamtsituation, eine ganze Nation vorverurteilt habe. Ein Volk, das in seiner Geschichte selbst so oft Opfer von Drangsal, Missbrauch und Unglück wurde. Mir ist erschreckend deutlich, dass etwas, das im Kleinen im Herzen eines Menschen völlig ungewollt geschieht, im Großen mehr als fatale Auswirkungen haben kann, erst recht, wenn es politisch ausgenutzt und gesteuert wird. Wie schnell man in eine solche Falle tappen kann, erschüttert mich zutiefst. So deutlich diese Erkenntnis vor mir liegt, sie vermag eines nicht auszulöschen: ein Schuldgefühl, das in mir wohnt. Langsam wird mir klar, dass ich mich noch einmal auf den Weg machen sollte, meine Flugangst überwinden, die schrägen Blicke im Umfeld ignorieren, um nach Armenien zu reisen.

Es ist Mai. 2016.
Eigentlich sollte es in diesem Monat soweit sein, aber die Wege des Herrn sind manchmal unergründlich. Ich bin gesundheitlich noch angeschlagen und die Kämpfe um Karabach[1] sind wieder aufgeflammt. Verschiebung. Es ist besser so.

Es ist August. 2016.
Und es ist soweit.

3.8. Noch drei Tage bis zum Abflug. Wirklich entspannt bin ich nicht mehr. Im Vorfeld fühlt sich die Reise wie ein Portal, wie eine Pforte an. Ein Übergang vom Vergangenen ins Neue.

Am 6.8. geht es los. Wir werden zu zweit etwa eine Woche in Armenien sein. Ein Fahrer und ein Guide werden uns durchs Land geleiten.
In München auf dem Flughafen legt sich die Luft schwülwarm über das Terminal und die Flugzeuge davor. Unruhig und in der Hoffnung nicht in ein Unwetter hinein zu starten, versuche ich mich zu beruhigen. Ein Schoppen Rotwein soll die Nervosität bekämpfen, die die Aussicht mit einem Flugzeug zu reisen mittlerweile bei mir auslöst.
Aufgereiht wie auf einer Perlenschnur, tuckeln die Autos auf dem Flugzeugparkplatz hin und her. Dennoch wirkt alles sehr ruhig und friedlich. Womöglich weil hier Linienverkehr herrscht und keine Ferienflieger starten und landen.
Wenige Stunden später schweben wir über einer weißen, weichen, wattigen Wolkenschicht. Ich bin nach wie vor der Meinung, der Mensch ist kein Vogel und daher nicht zum Fliegen gemacht, aber der Ausblick in die nicht enden wollende, friedliche Weite, die sich sonnenüberflutet unter uns ausbreitet, ist schon gewaltig.
20:45 Uhr. Sonnenuntergang. Als ob Gott seinen kleinen Finger ein paar Zentimeter über die Wolkendecke gestreckt hat und nun langsam wieder hinunter zieht. Für einige Minuten glüht blutrot der Schatten dieser Herrlichkeit durch die wolkige Watteschicht hindurch.

22:30 Uhr. Wir sind in Warschau umgestiegen. Der Zielflughafen ist nun endgültig Yerevan. So recht glauben kann ich es noch immer nicht. Ich bin innerlich ganz schön angefasst. Es geht wirklich zurück in diese Stadt.

Kurz nach 4 Uhr Ortszeit. Yerevan. Völlig übernächtigt bin ich wieder hier. Wilde Gefühlswellen brausen durch mich hindurch. Und doch spüre ich Erleichterung. Einfach weil dieser Schritt nun endlich getan ist. Bald haben wir unser Gepäck. Nach einer extrem ausführlichen Passkontrolle gibt es grünes Licht. Am Ausgang suchen wir nach unserem Guide und entdecken Rita. Eine freundliche, stattliche Dame. Rita, ein Kraftwerk von Armenierin. Sie nimmt uns herzlich in Empfang und bringt uns zum Van. Dort wartet unser Fahrer Artem auf uns, dessen Arm mit einem dicken Gips dekoriert ist. Er fährt dennoch, weil er auf die Einnahmen angewiesen ist.

Zu viert machen wir uns also auf den Weg durchs nächtliche Yerevan. Vier Jahre alte Bilder schwirren durch meinen Kopf und legen sich über die Eindrücke der frühmorgendlichen Stunde. Einiges ist deckungsgleich. Vieles ist so anders, weil die Brille, durch die ich heute blicke, eine andere ist. Nach etwas Smalltalk, einem Zwischenhalt zum Geldtausch und einigen kräftigen Herzschlägen, kommen wir am Hotel an. Rita regelt den Check-In und das spätere Wecken. Wir verabreden uns für den späten Vormittag. Dann geht es ins Zimmer. Es ist ganz gut, dass wir in einem anderen Hotel untergebracht sind, als damals. Auch so kann ich alles noch nicht so recht fassen. Dass ich hier bin. Es ist so unwahrscheinlich. Dann fallen wir auf ein kurzes Schläfchen ins Bett bis der Wecker klingelt.

Nach wenig Schlaf aber ausgiebigem Frühstück wird es bald losgehen. Immer noch etwas übermüdet gilt es jetzt diese so spezielle Stadt unvoreingenommen zu erkunden. Rita holt uns aus der Lobby ab und wir starten mit unserer Entdeckungsreise. Unser erster Halt ist das historische Museum. Auf dem inoffiziellen Parkplatz davor pflückt ein alter Mann Kräuter und bindet sie zu kleinen Sträußchen zusammen. Eine noch ältere Frau humpelt über Trampelpfade auf den freien Platz zu. Rita steckt ihr ein paar Dram (die armenische Währung) zu. Die Invaliden brauchen Unterstützung, denn die gesetzliche Grundversorgung reicht nicht zum Leben und nicht zum Sterben. Wir denken noch an die alte Dame, als wir das Museum betreten. Dann lassen wir uns in die Geschichte der Stadt hineinführen. Es wird eine Reise ins alte armenische Reich und die Zeiten davor. Wie die Teile der Stadt, scheint auch das Museum zwischen den Zeiten stecken geblieben zu sein. Der spröde Charme der Sowjetzeit ist noch allgegenwärtig, aber am Verblassen, die neue Zeit hat indessen auch noch nicht so recht Einzug gehalten. Ahnung hat aber die Museumsdame viel. Sie bereitet uns in gutem Deutsch auf die folgende Besichtigung der Ruinen von Erebuni - der Vorfahrin des heutigen Yerevans - vor. Dorthin machen wir uns mitten in der Mittagshitze auf.

Alte Mauern, Zeitzeugen längst vergangener Zeiten, erwarten uns, wie auch die teilweise stümperhaft anmutenden Versuche von Restaurierungsmaßnahmen aus den 60er Jahren. Es ist nicht nur eine Zeitreise in die Geschichte der Stadt, sondern auch eine Zeitreise durch die archäologische Methodik der vergangenen Jahrzehnte.

Auf der altsozialistischen Serpentinentrasse geht es dann zurück in die Stadt. Vorbei an einem großen Gebrauchtwagenmarkt, entlang an den Universitäten und Forschungseinrichtungen, die teilweise die politische Wende überstanden haben und sich perspektivisch neu orientieren. Die Schwerpunkte haben sich verschoben.

Unsere nächste Station ist eine Aussichtsplattform. Wieder grüßt die Sowjetzeit. Die ganze Stadt ist geprägt von diesen Jahrzehnten. Das jetzige Gesicht haben ihr die 'russischen Jahre' verpasst, genau genommen ist sie ein Produkt dieser Zeit. Die Hitze ist gewaltig. Die Betonflächen scheinen jede Kalorie der Sonnenenergie zu speichern und an uns abzugehen. Triefend nähern wir uns einer Brüstung, die uns nicht nur auf die Stadt, sondern auch auf eine gewaltige Baustelle schauen lässt. 'Die Kaskaden von oben'. Mit der Finanzkrise 2008 ist hier Stillstand eingekehrt. Nicht einmal der Baukran hat es rechtzeitig geschafft, das ersterbende Großprojekt zu verlassen. So ragen rostige Stahlträger in die zähe Mittagsglut und lenken den Blick ab von den in der Hitze verschwimmenden Betonfragmenten. Gern steigen wir schnell wieder ins kühle Auto von Artem. Ein letzter Blick über die Stadt verrät eines unserer nächsten Ziele. Eine hohe spitze Stele sticht gleich einem giftigen Pfeil durch den Dunst der Stadt, so wie die Ereignisse, an die sie erinnert, täglich neu in die Herzen der Armenier stechen. Überhaupt scheinen die Seelen dieser offenen und herzlichen Menschen von ewigen Stacheln durchdrungen zu sein. Man hat fast das Gefühl eine armenische Seele ist kausal von einem nicht verheilen könnenden Schmerz gezeichnet. Bei jedem Blick auf den so armenischen Berg Ararat, der ihnen genommen wurde und doch immer präsent ist und über dieses Volk wacht, sickert ein Tropfen Blut aus der offenen Wunde von Verfolgung, Unterdrückung, Vertreibung und Vernichtung. Bittersüß glänzen die Augen der Menschen beim Blick auf 'ihren' heiligen Berg.

Bevor wir uns jedoch den dunklen Kapiteln des armenischen Volkes zuwenden, schauen wir uns noch die 'Kaskaden von unten' an. Es ist kein Vergleich. Strahlend hell erglänzt ein Bauwerk, das mit dem Hügel verschmilzt. Ein wohlhabender Diaspora-Armenier hat viel Kapital in dieses noch unvollendete Gesamtkunstwerk gesteckt. Es dient zur Aufbewahrung seiner wertvollen Skulpturensammlung und ist jedem Bürger frei zugänglich. Mit einer Rolltreppe wird der Besucher im Berg von Ebene zu Ebene getragen. Wenn man fertig gestaunt hat, kann man sich im Park von den Eindrücken erholen oder in einem der nahen Restaurants einen Kaffee trinken. Zu unser aller (auch Ritas) Überraschung, gibt es hier eine Zweigstelle des Münchner Hofbräuhauses. Das finde ich noch skurriler als die moderne Skulpturenlandschaft.

Aber Ritas Neugier ist geweckt. So gibt es zum Kaffee eine 'bayerische Wurstplatte'. Nicht ganz bayrisch, aber durchaus passabel.

Bald geht es weiter. Das Ziel: Zizernakaberd.

Wir steigen aus. Die Hitze wartet auf uns, wie ein zäher Pudding. Schritt für Schritt wühlen wir uns durch diese gefühlte Viskosität hindurch und erreichen einen Tannenhain. Die Stimme einer armenischen Frau durchdringt mit ihrem

Gesang die flirrende Stille der kleinen graublauen Bäume. Gänsehaut. Mich fröstelt.

Vor uns erhebt sich das Mahnmal des Genozids[2], der 1915 seinen grausamen Anfang nahm und bis zu 1,5 Millionen Armeniern das Leben kostete. Zunächst führt uns der Weg aber in die Tiefe des Berges. Dort wurde das Museum errichtet, in dem die Abgründe der Geschehnisse vor 100 Jahren Gestalt annehmen und ein Gesicht bekommen. Rita verzichtet auf die Führung. Sie ist mit der Geschichte vertraut und erträgt sie nicht oft. Eine junge armenische Studentin führt uns durch die Ausstellung. Es ist ein harter Job für sie. Immer wieder die Bilder und Dokumente einer lange verschwiegenen Realität. Sie kann ihre eigene Ergriffenheit nicht alleweil verbergen. In einem Nebenraum kommt die Sprache auf die Rolle Deutschlands zu sprechen. "Deutschland hat es ja jetzt anerkannt", bringt sie eilig hervor und aus ihren Augen strahlt eine schüchterne Dankbarkeit. An diesem Ort, in diesem

Moment bekommen wir zu spüren, wie unvorstellbar wichtig diese Anerkennung des Völkermords durch den Bundestag für die Menschen hier in Armenien war und ist. Von Nachdenklichkeit und Beklommenheit umfangen, treten wir wieder vor Rita, die auf uns gewartet hat. Viel sprechen wir nicht, als wir die Stufen zurück zum Tannenhain erklimmen. Im Schweigen liegt im Moment mehr, als es Worte ausdrücken können.

Dann eröffnet sich der Platz des Mahnmals vor uns. Rechts erhebt sich der zweigeteilte Obelisk. Ein Symbol für die Spaltung des historischen armenischen Siedlungsgebietes und die Teilung des Volkes.

Unmittelbar vor uns, in gedrückter Haltung, die zwölf Steine, die die ewige Flamme umringen. Es sind nicht zehn, nicht elf, nicht dreizehn Steine. Es sind zwölf. Die zwölf Stämme Israels. Die zwölf Apostel. Sie beugen sich nieder vor dem Schicksal der Opfer. Mit gebeugtem Haupt treten wir mitten unter sie. Ein Ort der Stille. Ein Ort, Vergebung zu erbitten.

Gedankenversunken waten wir durch die zähe, heiße Luft zurück. Vorbei an der Mauer, in dem nicht nur die Orte derer verewigt sind, in denen die Opfer der Massaker zu Hause waren, sondern auch die Namen der Menschen, die sich, teilweise unter Einsatz von Leib und Leben, für die Betroffen eingesetzt haben. Auch Franz Werfel wird hier gedacht.

Das schwere Echo dieser Stunde begleitet uns zu unserer nächsten Station, der Weinbrandfabrik. Sie ist ebenfalls ein Teil der Geschichte dieses Landes. Vor uns eingetroffen: eine russische Besuchergruppe. Rita übersetzt simultan, bis sich jemand über die 'Störgeräusche' aufregt. Wir ändern die Taktik, lassen die Russen weiterziehen und sprechen mit Rita weniger über die Herstellung von Weinbrand, sondern mehr über Anekdoten in Verbindung mit dem berühmten armenischen Cognac. Schnaps und Politik hängen hier untrennbar zusammen. Etwas gänzlich Unpolitisches haben wir dazugelernt: der Alkohol, der während der Lagerung aus den Fässern verdunstet, ist der 'Engelstribut'. Das erklärt nun abschließend, warum die barocken Putten immer mit so nett geröteten Bäckchen dargestellt werden....

Mit roten Bäckchen geht es dann auch für uns zum Abendessen in ein armenisches Lokal. Schmackhafte traditionelle Speisen und armenischer Wein warten auf uns. Im Vorraum der Wirtschaft wird in einem Steingrubenofen frisches Lavasch - das armenische Brot - gebacken. Die Bäckerinnen freuen sich herzlich, als sie merken, dass wir ihnen zuschauen und der Kellner packt mir gleich eine Extraportion zum Mitnehmen ein. Wir sind noch nicht aus dem Staunen herausgekommen, als wir uns mitten in einer Familienfeier wiederfinden. Ein kleines Mädchen hat Geburtstag und alle Generationen feiern mit Tanz und traditionellem Gesang dieses Fest. Zwischendrin ein paar ausländische Touristen, die ganz schnell 'eingemeindet' werden. Hier spüren wir, dass trotz der permanenten Wunde, die in den Herzen der stolzen Armenier klafft, ihre Lebensfreude ungebrochen ist. Ihre Kultur, ihre Tradition, der Gesang, die Sprache, der Glaube - das ist ihre Identität, und die Freude daran und der Stolz darauf ist groß. Das waren wohl auch die Werkzeuge, mit denen sie sich ihr Fortbestehen über die Jahrhunderte hinweg erarbeitet haben.

Erschöpft von einem intensiven Tag wandern wir zurück zum Hotel. So kurz nach 21 Uhr scheint die Stadt aus ihrem Hitzeschlaf zu erwachen. Die Straßen füllen sich zusehends.

Auf der anderen Straßenseite erblicke ich eine merkwürdige Plastik. Zwei große Hände sind ineinander geschlungen. Rita erzählt uns, dass sie Teil einer Christus-Skulptur waren - ein Geschenk vom Vatikan. In der Sowjetzeit war dies aber nicht erwünscht, so dass man letztlich nur die Hände in dieser auffälligen Konstellation aufgestellt hat.

Einige hundert Meter weiter, am Platz der Republik haben sich viele junge und alte Menschen eingefunden, tanzen, schnattern, lachen und freuen sich über die Wasserfontänen, die bunt angestrahlt zu Musik von Offenbach und Strauss durch die Springbrunnenbecken fliegen. Wir mischen uns einige kurze Minuten unter sie, bevor wir ins nahe Hotel zurückkehren.

Am nächsten Morgen sind wir deutlich ausgeruhter beim Frühstück. Es waren ja auch einige Stunden Schlaf mehr. Nun ist auch die Aufmerksamkeit geschärfter für das, was da alles auf dem Buffet aufs Vertilgen wartet. Am spannendsten finde ich ja die verschiedensten - in Honig ertränkten - Früchte. Im Laufe der nächsten Tage werde ich mich durch Quitten, Pfirsiche, Brombeeren, Cornellkirschen, grüne Walnüsse und andere süße Leckereien hindurchfuttern. Die Spezialitäten sind teilweise so schrecklich und doch herrlich süß, dass mir beim Hineinbeißen ein nicht näher beschreibbares Ziehen vom Kiefergelenk, über die Ohren wandert und bis in die Schläfen dringt. Meine Bauchspeicheldrüse hat gut zu tun mit der Insulinproduktion...
Kurz nach 9 Uhr treffen wir uns mit Rita und Artem vor dem Hotel. Heute geht es raus aus der Stadt. Die erste Station wird Zwarnotsch sein. Auf dem Weg dorthin passieren wir die amerikanische Botschaft. Das Gespräch rutscht in den politischen Bereich hinein. Es wird hoch emotional. Am gestrigen Tag, als wir uns alle noch 'beschnuppert' haben, hat Rita schnell gemerkt, dass wir vorbehaltlos, offen, interessiert und von einer gewissen inneren Zuneigung getragen, diese Reise angetreten haben. Das hat Vertrauen geschaffen und so schüttet sie ein wenig das gequälte armenische Herz aus. Die Empörung über Fremdbestimmung der Vergangenheit (und Gegenwart), Korruption und Ungerechtigkeit, auch in der medialen Berichterstattung, sprudelt aus ihr heraus wie Wasser aus einer heißen Quelle. Und hinter all dem spürt man eines:

eine tiefe Liebe zu ihrem Land und seinen Menschen. Diese Liebe und Leidenschaft wird uns die Reise hinweg begleiten und berühren.

Langsam bewegt sich das Gespräch wieder auf das nächste Etappenziel zu. UNESCO-Weltkulturerbe Zwarnotsch. An diesem Platz versöhnte sich einst der König Trdat III[3] mit dem heiligen Gregor dem Erleuchter, den er zuvor 13 Jahre im Verlies schmachten ließ. Damit war der Grundstein zur Bekehrung des Königs gelegt und im Jahr 301 wurde das Christentum zur Staatsreligion erhoben. Armenien gilt daher als das erste christliche Land der Welt. Die Gebeine des heiligen Gregor finden sich wohl, so berichtet Rita, unterhalb des tief im Boden eingelassenen Taufbeckens. Die Ausmaße der ganzen Anlage sind beeindruckend, obwohl nur noch Ruinen stehen. Man erhält nur eine Ahnung von dem, was vor dem zerstörenden Erdbeben hier geschaffen worden war. Selbst Konstantin II. war seiner Zeit ergriffen von diesem Bauwerk und ließ in Konstantinopel ein Bauwerk nach dessen Vorbild errichten. Geblieben sind Fragmente und wenn man an die unglücklichen Bemühungen in Erebuni zurückdenkt, dann ist man für den Augenblick froh, dass es dabei belassen wurde.

So säuselt der warme Morgenwind weich durch die Reste der Säulen, die teilweise wieder aufgerichtet wurden. Der Ararat blickt sanftmütig auf dieses heilige Fleckchen Erde und der Besucher kann sich frei von dem Geist ergreifen lassen, der hier wohnt.

Am Fuße der Anlage findet sich noch eine Fülle gesicherter Bruchstücke des alten Bauwerks. Filigrane Arbeiten zeigen Darstellungen von Weinlaub und Granatäpfeln, die uns hier als Symbol für die doch bestehende göttliche Ordnung im scheinbaren Chaos des Kosmos zum Nachdenken anregen.

Bevor wir die Weiterfahrt antreten, wundere ich mich noch leise, warum hier weder Souvenirverkauf noch Imbissbude in Betrieb sind. Auch als Ruinen, diesmal der Sowjetzeit, grüßen sie uns verlassen zum Abschied. Dankbarkeit empfinde ich, dass wir allein sein durften an diesem Morgen in Zwarnotsch.

Weiter geht es zur Kirche der heiligen Hriphsime. An der Schwelle dieses Bauwerkes erlebte diese, so die besondere Ausdrucksweise unserer Rita, ihren Märtyrertod mit. Gesteinigt wurde sie. Sie war als Teil einer Gruppe von gläubigen Jungfrauen unter Leitung ihrer Amme und Erzieherin Gajane auf der Flucht. Ihre Schönheit weckte Begehrlichkeiten. Sie aber wollte ein gottgeweihtes Leben führen und musste mit selbigem dafür bezahlen. An ihrem Grab verweilen wir einige Momente. In Sichtweite wurde die Kirche der heiligen Gajane errichtet, die wie die anderen Jungfrauen das Schicksal des Martyriums teilte.

Rita erklärt uns noch die Besonderheit der Chatschkare, dieser ganz besonderen armenischen Kreuzsteine. Sie sind mehr als bloße Kreuzsteine. Ein Chatschkar ist ein

Gebet. Es findet sich nicht nur ein schönes Kreuz darauf. Essentiell ist die Darstellung des irdischen und des himmlischen Paradieses und des Lebensbaumes. Die drei 'Ausstülpungen', die häufig an den Enden von Kreuzesdarstellungen zu finden sind, können, so erfahren wir, eben nicht nur als Symbol der Dreieinigkeit Gottes angesehen werden, sondern auch als Knospen des Lebensbaumes. Aus dem toten Holz des Kreuzes sprosst neues Leben.

Rita verschwindet nun in ein kleines Lädchen, das in den Mauern der Anlage seinen Platz gefunden hat. Während wir die Eindrücke noch auf uns wirken lassen, ordert sie armenischen Kaffee. Trotz der wieder ansteigenden Temperaturen tut dieser sehr gut. Ein winziges Büchlein, gefertigt aus Silber, gefüllt mit dem Vaterunser in armenischer Sprache, erregt unsere ungeteilte Aufmerksamkeit und vervollständigt bald unser Gepäck.

Wir setzen unsere Reise fort. Es geht in den 'Vatikan' der armenischen Kirche, zum Etschmiadsin. Ein weitläufiges Gelände reflektiert uns die Mittagshitze entgegen. Im Schatten eines Busches verborgen, hat sich ein Veteran niedergelassen. Seine armselige Bekleidung ist mit Orden geschmückt. Erinnerungen an vergangene Zeiten. Zeichen dafür, dass er in Treue gedient hat und jetzt doch als Bettler auf Almosen angewiesen ist. Niemand hier blickt abwertend auf diejenigen, die durchs soziale Raster gefallen sind. Wer auf Almosen angewiesen ist, dem werden sie gegeben, sofern möglich. Das Harren auf milde Gaben ist in diesem Land ein Broterwerb, der als eine ehrwürdige Art und Weise sich seinen Lebensunterhalt zu verdienen angesehen ist, wenn es durch Arbeit und Unterstützung der Familie schlichtweg nicht möglich ist. Die Menschen helfen sich gegenseitig, so gut es geht. Man hält zusammen, im Bewusstsein dessen, was verbindet.

Wir schlendern weiter über das weiträumige Areal hin zu einer Nebenkirche. Als wir eintreten, bemerken wir eine eigentümliche Betriebsamkeit. Rita löst ihr Tuch vom Träger der Handtasche und bedeckt damit ihre Haare. Ich bin darauf vorbereitet und krame aus meiner Tasche auch ein Kopftuch hervor. Erfreut verwundert schaut Rita auf diese Geste, die offenbar nicht alltäglich ist, obwohl durch unzählige Piktogramme vor den Kirchen auf den üblichen Kleidungs- und Verhaltenskodex hingewiesen wird. Auf jeden Fall hebt plötzlich ein Priester vor uns zum Gesang an. Das Gebet erinnert mich in seiner Klangfolge so sehr an die Gebete, die ich vor zwei Jahren erstmals im Kosovo vernahm. Es berührt mich. Wir sind in eine Taufe geraten. Still lauschen wir der Melodie, bis sich ein weiterer Täufling durch Unmutsäußerungen an der Kirchentüre bemerkbar macht. Der Pater scheint wenig erfreut über die unnötig lautstarke Störung, denn die Familie hätte durchaus vor der Türe im Schatten warten können. Aber sie waren wohl ungeduldig. Wir ziehen uns leise zurück, verlassen die Kirche und wenden uns der Hauptkathedrale zu. Ungewohnt geschmückt kommt sie daher. Orientalische Einflüsse werden hier sichtbar. Prachtvolle Ornamente zieren das Gotteshaus, in dem viel Trubel herrscht. Lange verweilen wir hier daher nicht, stillere Orte warten auf uns.

So geht es dann auch bald weiter in Richtung Festung Amberd. Auf dem Weg hierher wird uns schon eine Ahnung der beeindruckenden Landschaften geschenkt, die in den nächsten Tagen auf uns warten werden.

Hier in über 2000 Metern Höhe, die die Gluthitze etwas erträglicher machen, öffnet sich der Blick in Schluchten und

Täler. Die Erde gibt ein Geheimnis preis, das keines ist: sie lebt und arbeitet. Raumgreifende Erdrisse zeugen von den tektonischen Bewegungen in dieser Region. Diesen Kräften hielt letztlich auch die uneinnehmbare Festung Amberd 1408 nicht mehr stand. Die gesicherten Ruinen sind beeindruckende Zeugen einer versunkenen Macht. Die zur Festung gehörige Kreuzkuppelkirche wurde in den 70er Jahren wieder aufgebaut. Ungewöhnlich in dieser Zeit.

Auf dem schmalen Pfad zu ihr flattern die an Büsche geknüpften Taschentücher als in Stoff gewebte Wünsche im warmen Wind.

Nachdem wir den kleinen Anstieg zum Parkplatz erklommen haben, entdecken wir Rita und Artem unter Bäumen beim Kaffeeschlürfen. Einheimische haben hier eine Gelegenheit zum Broterwerb gefunden: sie züchten ein paar Fische in einem Becken, weiden Tiere, pflegen die Anlage und bewirten durstige Gäste mit Erfrischungen. Gesegnet sind wir, denn wir haben Rita dabei. Sie spricht mit den Leuten (überhaupt scheint sie die Hälfte der Bevölkerung persönlich zu kennen) und wir bekommen, hungrig wie wir sind, ein schnelles Essen gekocht. Zwei Teller, zwei Gabeln, eine Ladung Lavasch und einen

Topf mit köstlichem Gemüse aus Okraschoten und Tomaten. Hinter der provisorischen Hütte spielen ein paar ältere Männer im Schatten der großen Bäume ein Würfelspiel, bevor sie sich, als wir aufbrechen, auch wieder ihrer Arbeit widmen. Sie arbeiten viel und hart und doch haben sie Freude daran und sind weit weg von der Hektik, die unseren Arbeitsalltag bestimmt. Hier dient die Arbeit schlichtweg dem Lebensunterhalt. Ganz direkt und greifbar. Der Begriff 'Lebensmittel' hat hier noch seine wörtliche Bedeutung.

Mit unserer schlichten und wunderbaren Kost im Magen nehmen wir uns nun die letzte Etappe des Tages vor: das Kloster Saghmosavank.

Zuvor gibt uns die mit tiefen Löchern durchfurchte Straße den Blick auf das Atomkraftwerk frei. Nach dem schweren Erdbeben 1988 wurde es abgeschaltet. Es wurde versucht, die Energieversorgung des Landes über Wasserkraft aus dem Sevansee zu decken. Ergebnis war, dass der Wasserspiegel des Sees unaufhörlich sank. Offiziell um 20 Meter, inoffiziell um fast das Doppelte. Auf jeden Fall stand der See vor der völligen Versumpfung und Zerstörung. Wissenschaftler leisteten Überzeugungsarbeit. Man stellte fest, dass die Brennstäbe im Kraftwerk ja nach wie vor da sind und eine Gefahr darstellen, egal, ob daraus Strom gewonnen wird oder nicht. So entschloss man sich, den Sevansee zu retten und das Kraftwerk wieder in Betrieb zu nehmen. Wermutstropfen: das AKW wurde Russland vermacht. Das Wort Korruption schwebt im Raum. So bleibt man auch auf dem Gebiet der Energieversorgung abhängig vom Wohlwollen dieser Staatsmacht. Und die Preisgestaltung auf dem Strommarkt führt immer wieder zu Unruhen im armen Land.

Unbeeindruckt von allen politischen und wirtschaftlichen Spielchen der vergangenen Jahre, versteckt sich am Ende eines kleinen Dorfes das Kloster Saghmosavank. Berühmt geworden ist es durch das Skriptorium, sein Name bedeutet 'Psalmenkloster'. Hier wurde gebetet und geschrieben. Sehr, sehr viel! Das immerwährende Gebet mag vielleicht auch Grund sein, warum das Kloster nicht von der gewaltigen Schlucht verspeist wurde, die sich an den Außengrenzen des Areals ins Gestein gefressen hat. Ihren Kosenamen 'Grand Canyon Armeniens' hat sie sich wahrlich verdient. Steht man 50 Meter vor der Abbruchkante, vermutet man nicht einmal, dass hier eine Schlucht existiert, bevor sich ganz plötzlich ein  gewaltiger Schlund in der Erde auftut.

Nicht wenig beeindruckt davon verharren wir in der kühlen Muttergotteskapelle. Rita weiß einiges zu berichten über die Geschichte und die Architektur. Allerdings bemerke ich später, dass mein Hirn für eine Weile in den 'Pause-Modus' gewechselt hat und ich einfach nur die Atmosphäre und Stille dieses Ortes in mich einsauge. Fasziniert betrachten wir noch die Bohrungen in Säulen und Mauern, in die einst Pulver eingefüllt wurde, um das Gebäude zu sprengen. Es sollte nicht gelingen. Die Bohrlöcher wurden vergrößert, aber die Kirche blieb unversehrt. Ich denke unweigerlich an eine Äußerung Ritas von gestern. Sie erzählte von der russischen Besatzungszeit: "Fünf von sieben Kirchen sind explodiert worden." Manches Mal haben sich die ehrwürdigen Gemäuer und die Menschen, die sie bewahren wollten, dann doch in aller Stille erfolgreich dagegen gewehrt.

Während wir das Gelände verlassen, sind wir versucht, noch ein paar Pflaumen von den Bäumen hier zu naschen, aber wie es eben so ist; die schönsten Früchte hängen viel zu weit oben. So geht es denn ohne Nachtisch zurück in Richtung Yerevan. Im Dorf des Klosters treffen wir noch eine Frau, die sich auch einer - für unsere Verhältnisse ungewöhnlichen - Geschäftsidee widmet, um ein wenig Geld zu verdienen. Mehr als ein wenig wird es nicht sein, aber immerhin. Sie hat einen winzigen Stand eröffnet, wo man alte Glasflaschen abgeben kann. Sie bringt sie dann weg und ihr Gewinn ist das Pfand. Leider ist die Bedeutung von Pfandflaschen in Armenien gering, so dass auch diese Arbeit sehr mühsam ist.

Als die Hauptstadt schon ganz nahe liegt und während wir unseren Blick in die Landschaft versenkt haben, bremst Artem plötzlich ab und wir finden uns inmitten einer aufgewühlten Menschentraube wieder. Ein Auto ist die Böschung hinabgestürzt. Man versucht zu helfen. Einige Männer mühen sich, einen Verletzten aus dem Wrack zu ziehen (ohne die Zigarette aus dem Mund zu nehmen...), eine Frau rennt hysterisch die Straße entlang, andere schnattern wild durcheinander. Aber es gibt ja Rita. Wir sind uns einig, sie nicht zum Feind haben zu wollen. In ihrer ganzen energischen Art gibt sie Anweisungen. Artem holt etwas Wasser für den Verletzten aus dem Auto. Rita ruft offenbar den Rettungsdienst an. Es scheint Probleme zu geben, wohl organisatorischer Art. Rita wird sehr leidenschaftlich und faltet den Gesprächspartner am anderen Ende der Leitung spürbar zusammen. Als alles koordiniert zu sein scheint, setzen wir unsere Fahrt fort. Der Mann wurde inzwischen aus dem Auto herausgezogen, ziemlich unorthodox die Böschung hinauf gezerrt und wird nun betreut. Man hilft sich. Wir fahren weiter. Rita äußert ihren Unmut darüber, dass der Rettungswagen noch nicht da ist. Und das so kurz vor den Toren der Stadt. Dann herrscht eine ganze Weile Schweigen. Jeder ist am Verdauen der Eindrücke. Und ich kämpfe dazu mit dem rechten Ellenbogen. Vor vielen Jahren hatte ich schon einmal Probleme mit so einer Art Fersensporn am Ellenbogen. Ich hatte das fast vergessen, bis sich dieses Ding vor einigen Tagen mit einem spitzen Schmerz zurückmeldete. Mittlerweile hat sich die Symptomatik deutlich verschlimmert und manchmal reicht die bloße Berührung der Bluse, um ein helles durchdringendes Stechen auszulösen. Ich ärgere mich ein wenig über diese lästige Beikost dieser Reise, wohl wissend, dass es bei letzten Mal Wochen gedauert hatte, bis die Schmerzen verschwanden.

Tags darauf starten wir in der Früh in Richtung Garni. Wir machen einen kurzen Zwischenstopp nahe einem Torbogen im gefühlten Nirgendwo. Auf der Haltebucht steht ein altes Akkordeon. Arbeitsmittel für einen Armenier, der bald um die Ecke kommt und in einen gut gelaunten Austausch mit Rita tritt. Er ist wohl heute früh noch nicht ganz arbeitsbereit und so bahnen wir uns ohne musikalische Begrüßung einen Pfad durchs trockene Gras in Richtung des Torbogens. Eine Gruppe junger Leute, die mit einem Hund auf einer Bank sitzt, grüßt uns freundlich. Eine eher ungewöhnliche Konstellation, denn Hunde werden in Armenien sehr selten so einfach zum Vergnügen gehalten. Meist sind Haushunde gleichzeitig Hütehunde, die auch wirklich als solche genutzt werden.
Und dann liegt die armenische Weite vor uns. Gekrönt von einem Berg, dessen schneebedeckte Kuppe gleich einer weißen

Wolke am dunstigen Himmel schwebt: der allpräsente Ararat begrüßt uns ins Heute hinein. Es ist schon wieder sehr warm, obwohl der Tag noch jung ist. Doch ganz plötzlich verkrampfen sich die Haarfollikel und der dünne Schweißfilm auf der Haut jagt ein sich tief eingrabendes wohliges Frösteln durch die Gänsehaut. Was war geschehen? Die jungen Leute von der Bank sind uns gefolgt, haben sich ihren Platz unter dem alten Torbogen gesucht und beschenken uns mit alten armenischen Liedern. Dem polyphonen Klang der ausgebildeten Stimmen und dem filigranen Gewebe aus fremdartiger Sprache und sehnsuchtsbeladener Melodie kann man sich nicht entziehen. Der Gesang weitet den Blick in die Steppe noch weiter.

Die Landschaft und die Klänge, sie passen zusammen, als würden sie seit Urzeiten zueinander gehören, sich gegenseitig ergänzend und tragend. Jeder Komponist von Filmmusik wird sich eine solch wundervolle Symbiose wünschen. Der Gesang, auch als die Sänger schon verstummt sind, wiegt sich noch lange über der Weite des Landes. Eine ganze Weile lassen wir uns von dieser Stimmung verzaubern. Die jungen Leute, so erfahren wir später, arbeiten in Yerevan an der Oper. Aber auch dort ist ein vernünftiges Einkommen dauerhaft kaum zu

bewerkstelligen. Wie die Haltebucht an der Straße für den Akkordeonspieler, ist dieses Tor in die armenische Steppe ihr zweiter Arbeitsplatz geworden.

Weiter geht die Reise. Artem lotst uns zuverlässig durch den Parcours aus gewaltigen Schlaglöchern auf der Straße. Auch hier bekommt man zu spüren, dass der Untergrund ständig in Bewegung ist. Kaum ist ein Riss geflickt, tut sich an anderer Stelle ein neuer auf. Vielleicht ein Grund, dass in den Seitenstraßen der Dörfer auf Asphalt verzichtet wird. Doch die Straßenbeschaffenheit ändert sich so schnell wie die Landschaft. Prägen hier noch Erdrutsche und Spalten im Boden der weiten Steppe das Gesicht der Umgebung, warten wenige Biegungen weiter grüne Wälder und stabile Wege über Basaltuntergrund auf die Reisenden. In einer solchen grünen Zone liegt auch unser erstes Tagesziel heute. Die Festung Garni mit dem Sonnentempel. Der Platz macht seinem Namen Ehre. Die Sonne brennt vom Himmel herab. Auf den Tempel und auf uns Besucher. Vor dem Eingang haben sich ein paar Händler aus dem Dorf versammelt und verkaufen eingelegtes Obst, Honig, Fuchsfelle und Souvenirs. Ein Hauch von 'Tourismusbranche'. Rita kennt wieder alle und schnattert fröhlich mit einigen Leutchen. Dann betreten wir schmunzelnd die Festungsanlage und bewegen uns, von Schattenplatz zu Schattenplatz hüpfend, über ein wunderschönes Basaltpflaster auf das Herzstück des Areals zu. Die meisten Tempel und ihre Überbleibsel wurden im Rahmen der Christianisierung umfunktioniert. So sind viele der armenischen Kirchen auf Fundamenten heidnischer Kultstätten aufgebaut worden. In Garni ist es anders. Der Tempel blieb erhalten und die Kirche wurde direkt daneben erbaut. So nah, dass man meint, ein Gebäude wöllte das andere in die nahe liegende Schlucht schubsen. Wir lernen, dass das Wort Garnison seinen Ursprung hier haben könnte. 'Garni' steht für Schutz und 'son' für Zone.

Die Schutz-Zone der Festung Garni war dann sozusagen die erste Garni-son der Welt.

Ganz natürlich, durch eine schroffe Tiefe vorerst geschützt vor einer möglichen zukünftigen Touristenschwemme, erblicken wir in der Schlucht einen Tempel der anderen Art. Diesen hat kein Mensch geschaffen. Dunkel flankieren riesige Basaltsäulen den schmalen Bach am Grunde des Gesteinsgrabens. Wir können die Blicke nicht davon abwenden. Rita merkt das und hat eine Idee. Sie zückt ihr Telefon und bald kommt ein wackliger Niva mit einem freundlichen Armenier angefahren, um uns in die Schlucht zu bringen. Wir steigen zu dem Dorfbewohner ins Auto. Statt Sicherheitsgurte gibt es kleine Teppiche, die die abgewetzten Sitze bedecken. Rita und der Fahrer tauschen noch Telefonnummern aus. Dann geht es los. Ich bin froh, dass es ein alter Niva ist, in dem wir unterwegs sind. Ein nicht näher definierbares Grundvertrauen verbindet mich mit diesen Fahrzeugen.

Es ist eine abenteuerliche Fahrt in die Tiefe der Azat-Schlucht. Immer wieder schaut der Fahrer, ob es uns gut geht und alles ok ist. Es ist alles ok. Als verwöhnter Mitteleuropäer vermisse ich allerdings den Gurt. Georg bekommt eine Portion Extraspaß, denn die Arretierung des Beifahrersitzes funktioniert nicht mehr. Es ist alles sehr wackelig. Dann sind wir unten angekommen. Die Fahrt war irgendwie witzig und der Armenier hatte seine Freude an unserer Freude. Wir steigen aus. Mir stockt der Atem, mir wird schwindelig. Nicht im übertragenen Sinne, sondern wirklich, ehrlich, echt. 300 Meter nach oben recken sich die schwarzen Basaltsäulen. Worte können das nicht beschreiben und kein Steinmetz kann so etwas erschaffen. In meiner Winzigkeit vor diesem gewaltigen steinernen Altar, jagt mir ein Bruchstück eines Psalms durch den Kopf: "Wenn ich sehe die Himmel, deiner Finger Werk, ...die du bereitet hast, was ist der Mensch, dass du seiner gedenkst?" Völlig überwältigt starren wir das Arrangement dieser Stelen an. Wie Orgelpfeifen einer anderen Welt hängen sie, sich selber haltend, im Raum. Satt sehen geht nicht. Irgendwann klingelt das Telefon. Rita ist dran. Das Zeichen zum Aufbruch. Mein Ellenbogen, dessen Schmerz für Augenblicke verflogen war, meldet sich unsanft wieder zurück. Wir rumpeln die steile Piste hinauf ins Dorf. Schleichgang. Unser Fahrer freut sich noch immer.

Oben angekommen, erhalten wir als Nachschlag noch eine Fülle von Eindrücken des Dorflebens. Hier und da finden sich die Großväter unter dem Schatten von Bäumen zusammen. Sie reden, spielen oder beobachten die Gegend. Häufig springen um sie herum die Enkelkinder. Andere Bewohner gehen ihrem Broterwerb nach. Sie gehen aufs Feld, verkaufen ihre Erträge am Straßenrand, reparieren Autos... Die Männer sind alle sorgfältig rasiert. Rita erzählt, dass nur Künstler und Geistliche einen Bart tragen. Schnauzbärte sind ganz vereinzelt bei älteren Männern zu sehen. Diese Männer stammen meist aus der Karabach-Region, berichtet sie. Auch die Bekleidung der Menschen spricht ihre eigene Sprache. In Yerevan selbst sind kaum Unterschiede (zumindest bei den Frauen) zu anderen westlichen Großstädten zu erkennen. Die Menschen, denen wir hier begegnen, tragen alle ein sauberes und ordentliches Gewand. Sicher sieht man den Landbewohnern an, dass sie nicht jede Saison die Garderobe nach der neuesten Mode wechseln. Man trägt die Kleidung, bis sie abgetragen ist und eine Reparatur keinen Sinn mehr macht. Aber stets wirken die Menschen ordentlich und gepflegt, irgendwie würdevoll. Die Männer tragen lange Hosen und Polo-Hemd. Die Frauen Rock und Bluse oder Pulli. Schlicht und zweckmäßig ist die Kleidung. Aufwändige Frisuren, teuren Schmuck oder exklusive Make-ups sucht man vergebens. Die Bewohner sind geschmückt genug mit ihren tiefen, stolzen Armenieraugen.

Drei Paare strahlender Augen kommen bald auch wieder auf dem Parkplatz vor der Tempelanlage an. Die des Fahrers strahlen noch mehr, als ich mich bei ihm auf Armenisch bedanke. Es war bestimmt so holprig ausgesprochen, wie die Fahrt im Niva war, aber das armenische Danke ist ein wirklich kompliziertes Wort. Und in seiner Bedeutung ist es mehr als ein Dank. Es ist ein Segenswunsch. Bei jeder Begegnung mit Einheimischen manifestiert sich der Eindruck, dass man diesen Menschen die größte Freude macht, wenn man sich tief berührt von ihrem Land und ihrer Kultur zeigt. Interesse an ihrem Dasein ist ein für sie wertvoller Schatz. Wie wertvoll wird uns Rita in ein paar Tagen noch auf den Weg nach Hause mitgeben.

Wir suchen Artem und Rita. Sie sind zwischen den Händlern 'abgetaucht'. Artem steht hinter dem Stand mit den eingelegten Früchten mit einer Tasse Kaffee in der Hand, gerade so als hätte er jetzt den Job des Fahrers gegen den eines Verkäufers eingetauscht. Rita kommt aus einem Unterstand heraus. Froh und losgelöst plaudernd, versorgt sie uns mit Äpfeln. Ihrer Fürsorge nachkommend, erkundigt sie sich nach unseren

Erfahrungen in der Schlucht. Wir versichern ihr, dass es großartig war. Als ich zu ihr sage, dass sich der Herrgott bei der Schöpfung hier ganz besonders große Mühe gegeben hat, scheint sie uns endgültig zu glauben und so fahren wir zufrieden, diesmal mit Sicherheitsgurt, weiter zum Felsenkloster. Vom Straßenrand her grüßen uns glückliche Kühe und alte russische Militärfahrzeuge. Eine spannende Mischung.

Vor uns liegt nun Geghard. Ich bin unheimlich gespannt. Große Teile der Anlage wurden im Inneren des Berges dem Felsen abgerungen. Es ist eines der wenigen armenischen Klöster, in denen wieder Mönche leben. Rita berichtet von einer Partnerschaft mit einem deutschen Benediktiner-Kloster. Wie schön!

Schon bei der Ankunft müssen wir uns darauf einstellen, dass Ruhe und Stille hier schwerlich zu finden sein werden. Wir befinden uns an einem der Touristenmagnete des Landes. Busse stehen auf dem Parkplatz. Ein bisher ungewohnter Anblick. Die Verkaufsstände sind schon etwas professioneller organisiert als noch in Garni. Sogar Tauben kann man kaufen, um sie fliegen zu lassen. Ich will aber keine Taube kaufen, sondern in die Tiefen des Berges eintauchen. Noch heißt es aber, sich zu gedulden. Wir bleiben an einer Wandtafel stehen. Rita erklärt uns die verschiedenen Ebenen des Klosters. Plötzlich spricht uns eine junge Armenierin an und fragt, wo Rita denn so gut Deutsch gelernt hat. Rita erzählt ihr, dass sie das in Yerevan an der Uni getan hat. Der Vater des Mädchens kommt hinzu. Ein Gespräch entfaltet sich. Die beiden kommen aus Paris, dort lernt die junge Dame Deutsch. Es fühlt sich an, als wären wir mitten in ein Familientreffen geraten. Die Diaspora-Armenier haben die Bindung zur Heimat nie verloren und auch die junge Frau kann Armenisch. Das scheint Rita zu beruhigen, denn die Sprache ist ein so bedeutender Teil der armenischen Identität, der durch die Zeiten rettet.

Nach dieser Begegnung treten wir in den Klosterhof, vorbei an einem großen Felsbrocken, der sich bei einem Erdbeben gelöst hatte und in die mit Menschen gefüllte Anlage fiel. Niemand ist zu Schaden gekommen.

Wir stehen vor dem vermeintlichen Kirchengebäude. Aber das Bauwerk umhüllt nur einen Teil des geweihten Areals. Vor allem das Gavith (die Vorkirche) und die Kirche der Gottesgebärerin haben unter den Mauern ihren Platz gefunden. Ungewohnt viele Menschen schlappen hier laut plappernd durch die heiligen Räume. Das ist der Preis der touristischen Erschließung - obwohl es hier nicht vergleichbar ist mit dem Trubel in anderen weltbedeutenden Kirchen. Schnell begeben wir uns durch einen Gang in die Tiefe des Gesteins hinein und stehen in einem dunklen weiten Raum. Hier bluten aus dem schwarzen Felsen die Heiligen Quellen heraus. Das Lourdes Armeniens. Wenn ich mir das vor Augen halte, ist es hier im Vergleich wohl unendlich still. Interessanterweise scheinen viele Besucher an diesem Fleckchen vorbei zu eilen, ohne ihm Beachtung zu schenken. Womöglich fehlt ein fettgedruckter Hinweis im Reiseführer. Mit einer Taschenlampe bewaffnet, suchen wir den Felsen nach dem Austrittsort des Wassers ab. Es plätschert ohne Einfassung ziemlich bodennah aus einer Gesteinsspalte. Ich muss mich ducken, um daran zu kommen. Es ist herrlich kühl und frisch. Trotz meiner inneren Skepsis trinke ich einen großen Schluck und reibe, nur für alle Fälle, meinen Ellenbogen damit ein. Für Rita befülle ich noch eine Wasserflasche, dann geht die Entdeckungsreise im Felsen weiter. Über einen großen Vorraum gelangen wir nun in ein weiteres kleines Gavith. Durch eine filigran gearbeitete Kuppel in der Steindecke fällt ein schmaler heller Lichtstrahl und erleuchtet das steinerne Abbild zweier angeketteter Löwen. Die feinen Ornamente der daneben in Stein gemeißelten Kreuzesdarstellungen lassen sich im fahlen Licht mehr erahnen als erfassen. Die Lampe legt dann die meisterhaften Arbeiten offen. Unfassbar, was hier dem Felsen abgerungen wurde.

Durch eine kleine Türe schimmert warmes Licht und lockt uns hindurch. Wir stehen nun in der zweiten Felsenkirche. Tiefer als hier hinein werden wir nicht in den Felsen gelangen. Die Wände im Altarraum wirken so glatt, als hätte sie nie ein Werkzeug berührt und reflektieren das bernsteinfarbene Licht der wenigen kleinen Wachskerzen, die das Gebet der Gläubigen mit ihrer Flamme durchs Dunkel tragen. Und doch ist hier alles in mühsamer Arbeit von Menschenhand geschaffen. Auch das geheimnisvolle Altarkreuz. Ein besonderer Ort, an dem man sich Stille und Ruhe wünscht. Aber das ist schwierig, denn viele neugierige Augen wollen die Eindrücke hier aufsaugen. So bleiben ein kurzer Moment des Innehaltens und eine Ahnung der mystischen Dichte, die den Raum erfüllen mag,

wenn die Mönche sich hier zum Gebet einfinden.

Mit dem Gefühl eines ungestillten Durstes im Herzen geht es an die Oberfläche zurück, um noch einen Blick in die obere Etage des Komplexes zu werfen. Auch dort herrscht touristische Unruhe. Eltern lassen ihre Kinder im Mausoleum herum toben. Rita wirkt angegriffen. Mitten in die unvorteilhafte Geräuschkulisse hinein beginnt sie ein Gebet zu singen. Ihre Stimme überschlägt sich bald, dennoch halten einige Besucher inne, als scheint es diese Töne gebraucht zu haben, um sie daran zu erinnern, wo sie hier eigentlich sind. Andere sind völlig unbeeindruckt und albern und lamentieren weiter herum. Einen Versuch war es wert. Nachdem Rita uns noch die Besonderheiten der Akustik näher gebracht hat, wirbelt sie nach draußen und erklärt einer Mutter in einem wenig diplomatischen Tonfall, dass das Verhalten der Familie mit einem heiligen Ort nicht wirklich vereinbar ist. Ich weiß heute nicht mehr, ob diese Standpauke in Russisch, Armenisch oder gar Deutsch gehalten wurde. Sie war auf jeden Fall multilingual verständlich.

Wir besorgen uns vor dem Abschied aus Geghard noch ein paar Gebetskerzen, die wir nahe der Heilquellen entzünden. Wie schwarzer Samt legt sich hier der jahrhundertealte Ruß der Kerzen ans Gestein und dämpft die Geräusche der Umhergehenden.

Es geht zurück nach Yerevan. Dort steht noch eine Führung im Matenadaran an, der historischen Schriftensammlung.

Während wir auf dem Rückweg darüber sprechen, dass das Radfahren in Armenien eher unüblich ist, weil teuer und gefährlich, bemerke ich, dass mein Ellenbogen nicht mehr zieht. Das ist mir jetzt schon etwas unheimlich.

Mittlerweile hat die Gluthitze das Land wieder gänzlich in

ihren Fängen. So recht wollen wir gar nicht aus dem Auto steigen, als wir den Matenadaran erreichen, denn die helle Steinfassade, die Treppen, die Böden, alles strahlt. Ich bin mir sicher, wir hätten ein Spiegelei gegart bekommen. So erklimmen wir schnell die gleißenden Stufen und schlüpfen unter den Augen der steinernen Gelehrten am Eingang in die klimatisierte Ausstellung.

Wundervolle, Jahrhunderte alte Handschriften ziehen uns in der kommende Stunde in ihren Bann. Wahre Schätze konnten noch ihrer nahezu sicheren Vernichtung während des Genozids entzogen und gerettet werden. Was verloren gegangen ist, das mag man sich nicht vorstellen.

Artem manövriert uns anschließend durchs Yerevaner Verkehrschaos zurück ins Hotel. Wir sind müde und erschöpft. Ein allerletztes Mal meldet sich kurz der Schmerz in meinem Ellenbogen und kehrt bis zum heutigen Tag nicht zurück.

Nachdem wir ein bisschen am Lavasch gekaut haben, suchen wir uns - und das ist gar nicht so einfach - eine freie Bank am Rande des Platzes der Republik, der vollgefüllt mit Menschen ist, die sich ins Yerevaner Nachtleben stürzen wollen und schauen der Stadt, ihren Bewohnern und Gästen beim Dasein zu. Bevor wir schlafend mit diesem Dasein verschmelzen, suchen und finden wir den Weg zurück ins Hotel. Ein erster Abschied liegt vor uns, denn die folgenden zwei Nächte werden wir an anderen Orten im Land verbringen und nur noch für ein paar Stunden am letzten Tag zurück in die rosafarbene Hauptstadt zurückkehren. Diesen Namen hat Yerevan - nicht die erste Hauptstadt Armeniens - der eigenartigen Färbung der sowjetischen Plattenbauten zu verdanken, die sich im farblichen Nirwana zwischen grau, braun und rosarot bewegt.

Am 10.8. starten wir nun in Richtung einer der großen offenen Wunden und fahren in die Hochebene des Ararat, um das Kloster Chor Virab zu besuchen. Näher als heute werden wir dem heiligen Berg nicht kommen können, denn er wurde 1921 der Türkei zugeschlagen. Diese Entscheidung war, ist und bleibt ein permanenter Schmerz für die Menschen in Armenien.

Wie ein fürsorglicher Vater scheint sich der Berg dem nahen Kloster zuwenden zu wollen, und doch sind sie unvereinbar voneinander getrennt. Durch den Grenzzaun, durch das Grenzgebiet. Hier stehen, eine eigenartige Ironie ausstrahlend, viele bunte Wachtürme und grinsen höhnisch zu uns herüber. Die Grenzübergänge sind abgeriegelt. Rita erzählt, dass im schmalen Streifen Land zwischen Berg und Kloster auch Ausläufer amerikanischen Militärgebietes liegen. Kleine Siedlungen wurden geschaffen, um die Militärs besser versorgen zu können. Wir sehen die Siedlungen. Warum sie hier sind, das können wir nicht nachprüfen. Eines ist allerdings offensichtlich und auch ohne Brille zu erkennen. Aus diesen kleinen türkischen Ortschaften ragen mitten im Sichtkorridor zwischen Vater Berg und Tochter Kloster sieben Minarette empor - wie spitzige Steine unten den dünnen Sohlen der armenischen Seele. Es ist eine seltsam befangene Stimmung, die hier über den Bergen schwebt. Sie begleitet uns bis aufs

Klostergelände.

Auf den Stufen zur Pforte stoppe ich abrupt ab. Ein dicker, großer Heuhupfer schaut mich an. Ich hätte ihn beinahe zertreten. Hat er sich ein schattiges Plätzchen zum Verschnaufen gesucht? Da hat er sich aber einen ungünstigen Flecken ausgewählt. Vorsichtig versuche ich, ihn vom Davonhüpfen zu überzeugen. Im selben Moment tut mir diese erfolgreiche Bemühung leid, denn eine gut getarnte Schar Spatzen stürzt sich auf den armen Kerl und spielt mit ihm ein seltsames Fangenspiel in der Luft. Einer der Vögel erwischt den dicken Brocken aber nicht so richtig und so plumpst er hart auf den Boden. Regungslos bleibt er auf dem Fels liegen. Wir schauen uns betreten an. Dann aber, als die Vögel von ihm abgelassen haben und ihm keine Beachtung mehr schenken, erwacht der schlaue Hüpfer aus seinem Scheintod und macht sich eilig aus dem Staub. Rettung doch noch geglückt!

Wir wenden uns nun der Geschichte des Klosters zu. Hier musste der heilige Gregor vor über 1700 Jahren seine 13jährige Gefangenschaft im Kerker erdulden. Über eine wenig gesicherte Leiter steige ich in das tiefe Erdloch hinein. Es ist zwar relativ geräumig, aber stockdunkel und die Luft ist stickig. Ich hätte hier wohl keine 13 Tage überstanden, geschweige denn 13 Jahre... Froh bin ich, bald wieder ans Tageslicht klettern zu können. Bevor wir uns der Hauptkirche zuwenden, husche ich noch schnell in die Gebetskapelle und zünde ein Kerzchen an.

Während Rita schon zum Parkplatz geht, wandern wir noch auf den nahen Gipfel des kleinen Berges, auf dem das Kloster thront. Durch die Felswüste schleicht ein armer Armenier. Wir schauen uns wortlos an, dann kramen wir etwas Kleingeld aus den Taschen. Von Stein zu Stein balanciere ich dem gealterten

Mann entgegen und drücke ihm die Münzen in die Hand. Er strahlt mich an. In einem Sprachwirrwarr aus Armenisch, Russisch, Deutschenglisch und ich weiß nicht was, gibt er uns zu verstehen, dass er dankbar ist. Er bekreuzigt sich und verspricht für uns zu beten. Und er blickt immer wieder sehnsuchtsvoll nach Südosten. Mit ein paar Wortfetzen gibt er uns zu verstehen, dass er dort seiner Heimat beraubt wurde. Er stammt aus Karabach und musste fliehen. Nun lebt er hier und versucht über die Runden zu kommen. Seine Arbeit ist das Gebet und die Anleitung der Gäste, auf welchem der holprigen Pfade man am besten zum Gipfelchen gelangt. Sein Lohn hier auf Erden sind die Almosen der Gäste und Pilger.

Noch auf dem Rückweg wird er uns freundlich nachwinken und ein bisschen winkt er auch immer in Richtung Karabach. Unter der Oberfläche seines sonnengegerbten Gesichtes liegt ein in der Seele fest eingesponnener Schmerz.

Die Fahrt geht weiter. Das Grau der Straßenränder wird vom Bunt der Waren von Obst- und Gemüseverkäufern gesäumt. Was auf den anliegenden Feldern wächst, wird gleich vor Ort zum Verkauf angeboten. In den Ortschaften mischen sich zwischen Melonen und Tomaten auch ab und an mal Hühner oder frisch geschorene Wolle.

Wir machen einen kurzen Halt in Areni. Dort ist eine Weinprobe geplant. Bei diesen Temperaturen bin ich dankbar, dass der Restbehälter groß ist... Auch hier treffen wir wieder auf Diaspora-Armenier. Diesmal aus Amerika. Eine junge Frau geht auf Georg zu, als sie bemerkt, dass wir Deutsch sprechen. Ihr Freund stammt aus Deutschland. Und die ganze Familie ist derzeit hier in der angestammten Heimat zu Besuch. Während die US-Armenier noch ihre Weinvorräte auffüllen, sind wir längst wieder unterwegs. Bald ziehen sich die landwirtschaftlichen Flächen zugunsten einer archaischen Landschaft zurück, die einfach nur da zu sein scheint. Groß, gewaltig, ungenutzt, weit und wild. Immer felsiger wird sie, bis wir uns in der Schlucht des Amaghu wiederfinden. Man kann die Schneeleoparden erahnen, die im kalten Winter hier durch die dann unpassierbaren Berge und Täler streifen. Aber heute ist der Schnee mitsamt Leopard noch weit, weit weg. Es ist unverändert sonnig und heiß. Man könnte fast meinen, es ist die Wärme, die die Felsen und das Gestein hier sichtbar zum Glühen bringt, aber die leuchtende Aprikosenfarbe des Untergrunds gehört in dieses Tal, ganz unabhängig von den Außentemperaturen. Am Ende der Schlucht taucht dann, auf einer Anhöhe das wunderschöne Kloster Noravank auf. In leuchtendem Apricot. Untrennbar ist dieser Ort mit dieser herrlichen Färbung verbunden.

Doch der Zauber dieses Ortes scheint die Sinne zu benebeln. Kaum sind wir um das Hauptgebäude gebogen, liegt ein junger Mann im Schockzustand auf dem warmen Boden vor dem Portal. Einige kümmern sich um ihn. Zunächst denken wir, er ist einem Sonnenstich zum Opfer gefallen. Rita findet aber schnell heraus, dass er einer derer ist, die unvernünftiger Weise die schmalen ungesicherten Stufen, die das Portal zieren, emporgeklettert sind, um in die zweite Etage des Bauwerkes zu blicken und dann hinab zu stürzen. Kein Einzelfall, wie Rita berichtet. Vor zwei Wochen hätte diese Verlockung einem

Kind beinahe das Leben gekostet. Der Mann hat Schmerzen und wimmert vor sich hin. Der Krankenwagen ist unterwegs. Ich lasse meinen Blick ebenfalls die Stufen hinaufwandern, die ich eher als Wandschmuck denn als Stufen eingeordnet hätte und sehe oben im Fenster zwei junge Leute stehen, die gespannt auf die Geschehnisse zu ihren Füßen blicken. Ich spüre, wie sich ein Grummeln in mir regt. Wie kann man so unvernünftig sein? Während wir in Noravank verweilen, werden noch einige Leute, auch Väter mit ihren kleinen Kindern und alte gehbehinderte Menschen dieses Wagnis eingehen. Mir hallen beim Anblick dieser wackligen Kletteraktionen immer die Schreie des Verletzten im Ohr nach, die er von sich gab, als er in den Sanka gehoben wurde. Dennoch, es ist ein wunderschönes lichtes Fleckchen Erde hier. Kurz bevor wir das Kloster verlassen wollen, meine ich, ganz leise Gebete zu hören. Leider kann ich diesen zarten Melodien nicht nachgehen, denn eine Drohne quert und hüllt uns, eine nahe stehende Pilgergruppe mit Pater und das gesamte Kloster in ein elektrisch zischendes Surrgeräusch, das erneut ein disharmonisches Grummeln in mir auslöst. Vor der Abfahrt begegnen wir noch einer Deutsch-Armenierin aus Bielefeld. Es ist allzu offensichtlich, dass die meisten Armenier außerhalb ihres Landes leben...

Zum Mittag gibt es Bohnen und Hähnchen. Georg ist mutig und versucht sich in einer kräftigen Portion einer joghurtartigen Spezialität, die in einer witzig altmodischen Glasschale serviert wird. Ich finde das sehr gewagt. Und mein Empfinden ist nicht ganz unbegründet... Geschmeckt hat es zweifelsohne furchtbar gut.

Den geplanten Halt an den Steinen von Zorakhar setzen wir nicht in die Tat um. Die Zufahrt ist mit Kies verschüttet. Auch wenn der Weg dorthin nicht länger als eineinhalb Kilometer ist, verzichten wir in der schwer erträglichen Mittagshitze auf eine Wanderung. Es weht zwar ein Windchen, aber das ist in Anbetracht des Sonnenstandes und der Höhenlage, auf der wir uns mit etwa 2000 Metern befinden, eher tückisch als nützlich. Und ein Schattenplätzchen würde es nicht geben. Auch wenn wir uns schnell einig sind weiter zu fahren, Rita lässt es sich nicht nehmen, die Polizei herbei zu rufen und energisch ihrem Unmut über die zugeschüttete Straße mitsamt unbelebter Baustelle Luft zu machen. Ein kurzer Gewittersturm, der auf keiner meteorologischen Karte verzeichnet werden wird, geht über die Polizisten nieder. Leider bringt er keine Abkühlung der Außentemperaturen.

So atmen wir weiter die weite Landschaft durch den heißen Luftzug des geöffneten Autofensters ein, bevor uns gegen Abend die ehemalige Höhlenstadt Goris in bergiger Kühle begrüßt. Wir können jetzt dem alten Mann von heute Morgen zurückwinken, denn Karabach ist nicht weit. Leere Metallrahmen am Straßenrand, denen die Wegweiser genommen wurden, sind stumme Zeugen einer Zeit, in der der Weg in diese Region noch ausgeschildert war.

Die alten Höhlenwohnungen von Goris starren wie erblindete Augen auf die zu Sowjetzeiten neu konstruierte und angelegte Stadt. Nicht alle Bewohner wollten ihre felsigen Höhlen als Wohnstätten so einfach aufgeben. Der letzte Bewohner verließ in den 1970er Jahren sein steinernes Domizil. Er blieb, bis er gestorben war.

Im Hotel Mina finden wir gutes Essen und Schlaf, so dass wir uns am nächsten Tag zeitig aber gut gestärkt zur Vorotan-Schlucht begeben können. Ein richtiges 'Event' wartet hier auf uns. Um 9:30 Uhr haben wir eine Fahrt in der längsten

Pendelseilbahn der Welt gebucht. Sie erleichtert nicht nur den Touristen die Anreise zum Kloster Tatev, sondern sie ist auch eine wichtige Anbindung für die Bewohner der anliegenden Dörfer. Diese wirklich solide und in seiner Konzeption durchdacht wirkende Anlage ist eines der denkwürdigen Beispiele für die tiefe Bindung, die den Diaspora-Armeniern zu ihrem Land eigen ist. Der Bau wäre ohne das Engagement und die Finanzierung eines weltweit sehr aktiven und wirtschaftlich erfolgreichen Armeniers, der hier sein eigenes Vermögen einfließen ließ, undenkbar gewesen. An so vielen Stellen in Armenien, an denen man das Gefühl hat, hier passiert etwas zum Wohl des Landes und seinen Menschen, bilden maßgeblich Finanzierungen und Planungen von Landsleuten aus aller Welt das Fundament. Es spricht für den großen Zusammenhalt der Nation, aber auch für die politische und wirtschaftliche Schwäche des Landes selbst.

Bevor wir in die Gondel steigen, begegnen wir wieder einem jungen Welt-Armenier. Acht Jahre seiner Kindheit hat er in Berlin verbracht und besucht nun mit seiner offenbar russischen Freundin das Land seiner Ahnen. Gemeinsam steigen wir in die Kabine und gondeln gemächlich über den Vorotan. Mehr als 300 Meter unter uns schlängelt sich der Fluss durchs schroffe Tal. Die Serpentinen der Straße geben aus dieser Höhe ihren schlechten Zustand und die schwere Passierbarkeit nicht preis. Nach etwa 10 Minuten ruhiger Luftfahrt mit überwältigenden Einblicken in die tiefen Furchen der Schlucht sind wir angekommen. Der Ausgang und die Umgebung dieses Bereiches sind sehr professionell gestaltet. Eine zukunftsweisende Investition. Wir gehen durch eine gepflegte kleine parkähnliche Anlage und biegen dann auf den wieder landestypischeren schlichten Pfad in Richtung Kloster ab. Die obligatorischen Händler aus den anliegenden Dörfern sind noch gar nicht alle hier und die wenigen, die wir treffen, fangen gerade erst an, ihre einfachen Stände mit Waren zu bestücken. Wir sind früh dran und das wird sich als Geschenk erweisen.

Zunächst bringt uns Rita aber in den Bereich der ehemaligen Wirtschaftsgebäude. Wir besichtigen die alte Ölmühle. Eine wirklich originelle Technik haben die Menschen hier erfunden, um den kleinen Samen, die zur Verfügung standen, einige Tropfen an Öl streitig zu machen. Obwohl diese Reise in die Vergangenheit wirklich spannend ist, zieht es mich innerlich weiter. So recht erklären kann ich das Gefühl aber nicht. Endlich betreten wir den Klosterhof. Es ist vom ersten Augenblick spürbar, dass wir wieder eines der wenigen Klöster betreten haben, in denen klösterliches Leben stattfindet - und das, obwohl noch kein Mönch zu sehen ist.

Wie sich eine Biene taumelnd der Blume nähert, rücken wir auf indirektem Wege der Kirche näher. Zunächst lassen wir die alte Akademie auf uns wirken. Hier an diesem Ort befand sich im 14. Jahrhundert eine der bedeutendsten Universitäten der Region. Im Matenadaran waren Miniaturen und Handschriften dieser Zeit zu bewundern.

Vorbei geht es am Refektorium zur Dreifaltigkeitssäule. Viel gibt es über dieses spannende Kunstwerk zu berichten. Eine schaukelnde Säule, gefertigt aus einem einzigen Stein, erhebt sich auf ihrem Sockel.

Obwohl es noch zeitig am Tag ist, habe ich meinen täglichen Aufmerksamkeitsaussetzer. Ist es die Sonne, die schon hell auf meinen Kopf brennt oder ist es der Gecko, der sich an der dunkelgrauen Kirchenmauer sonnt und meine Aufmerksamkeit auf sich zieht? Ich kann es nicht genau sagen, bin aber froh, als

wir uns nun der 'nur '1100 Jahre alten Kirche zuwenden. Noch bevor uns Rita auf eine große Besonderheit im Vergleich zu anderen armenischen Kirchen hinweist, nämlich die Fresken, die auch nur noch in winzigen Bruchstücken erhalten sind, bin ich für ein paar Augenblicke innerlich auf Reisen gegangen.

Denn kaum sind wir durchs Portal getreten, öffnen sich sämtliche Alveolen meiner Lunge und saugen den Duft von Weihrauch in sich auf. Es gibt unzählige Mischungen von Weihrauch. Diese hier habe ich nicht zum ersten Mal geatmet. Wieder fühle ich mich nach Decane ins Kosovo versetzt. Ein wohliger Schauer ergreift mich, während diese unerwartete Erscheinung bei Georg einen Hustenreiz auslöst. Nach einem kurzen Rundgang durch die Kirche lässt uns Rita allein zurück. Und außer uns ist wirklich kein Mensch hier. Einige Zeit später wird es von Besuchern nur so wimmeln, den ganzen Tag über werden Taufen stattfinden und viele  Menschen werden die heiligen Mauern bestaunen. Für den Moment aber herrscht Stille. Das, was ich im Felsenkloster erhofft hatte und was durch das emsige Hin und Her der Gäste aber nicht mehr als ein Schimmern im durstigen Herzgrund blieb, holt mich hier völlig unerwartet ein. Der Seelenraum entfaltet sich wie eine Blume im Sonnenlicht und schenkt Platz für Gebet und Begegnung. Nicht eine dieser interessanten Begegnungen, an denen wir uns in den letzten Tagen erfreuen konnten, die Begegnungen mit den verschiedenen Menschen, die aus den fernsten Ländern der Welt hier in diesem Land zusammenfinden, sondern Begegnung mit Dem, Der in allen verschiedenen und fernsten Ländern der Welt doch immer der Eine ist und bleibt. Eine helle Gegenwart, geheimnisvoll, wie eine Kerze hinter einer Fensterscheibe voller Eisblumen.

Zwischen dem Hier und dem Dort hat sich eine andächtige Stille gelegt. Leise knistern die Gebetskerzen vor uns. Andere Leute betreten die Kirche, ruhig und besonnen. Die atmosphärische Spannung bleibt bestehen. Dann huscht ein Mönch durch den Raum und verschwindet in einer Nische. Wenig später kommt Rita wieder. Sie ist nicht allein, sondern bringt einen Priester mit. Beide treten an der Grenze zum Chorraum zusammen. Der Pater beginnt sein Gebet. Die beruhigend wirkende Sprache mit ihren wunderrunden Buchstaben füllt den Kirchenraum, sammelt sich und steigt mit den Weihrauchresten durchs Kuppeldach hinaus in den Himmel. Rita berichtet uns später, dass sie ein Geschenk für ihr Enkelchen segnen ließ, das bis zu dessen Taufe unter dem Kopfkissen des Kindes liegen wird.

Dann drängt sich eine Frage auf meine Lippen, die ich mir schon seit geraumer Zeit stelle. Was ist mit Nonnen? Rita schaut. Es gibt hier keine Nonnen mehr. Durch die ewige Verfolgung der Armenier motiviert, durch die Kriege und Vertreibungen, wurde bereits um das Jahr 600 herum beschlossen, dass es die heiligste Pflicht der Frauen dieses Volkes ist, der Dezimierung durch das eifrige Gebären von Kindern entgegen zu wirken. Das hatte höchste Priorität und seitdem gibt es in der armenischen Kirche nur Mönche.

Interessant, aber seltsam.

Wir gehen weiter. Bevor wir uns noch an der beeindruckenden Aussicht in die angrenzende Landschaft mit ihren tiefen Schluchten laben, statten wir der Grigori-Kapelle einen Besuch ab. Auf dem Weg dorthin gibt uns Rita einen besonderen Vertrauensbeweis und erzählt, wie sie zum Glauben gefunden hat. Das hatte ich nicht erwartet, wie so einiges an diesem Ort unerwartet war.

In der Kapelle wieder diese besondere Stimmung in der Stille. Dann muss ich schmunzeln. Ich habe einen greifbaren Beweis dafür entdeckt, dass hier wahrhaftig gelebt wird. In der Ecke der kleinen Kirche steht ein selbstgebauter Kanonenofen. Der Rauchabzug ist gute sechs Meter lang und ragt aus dem glaslosen Kirchenfenster. Vor dem Ofen eine schlichte Holzbank. Und unter der Holzbank stehen Pantoffeln. Hier ist wahrlich jemand zu Hause!

Dennoch wird es Zeit, Tatev zu verlassen. Rita kauft noch, ganz wie es ihre Art ist, einer Händlerin eine Kleinigkeit ab - man unterstützt sich eben - dann gondeln wir zurück. Die Basisstation erwacht langsam aus dem morgendlichen Dornröschenschlaf und ich bin froh und dankbar, dass all diese Menschen jetzt erst ihren Besuch in Tatev beginnen. Denn nur weil sie so nett waren und lange schliefen, ist für mich wohl so unmittelbar spürbar geworden, warum bei den Einheimischen Tatev als eine tiefe spirituelle Quelle gilt.

Die Eindrücke vom Kloster klingen noch nach, als wir wieder auf dem packenden Weg durch die Landschaften Armeniens sind. Noch ist das steppige Land schütter und weit. Kühe teilen mit uns die Straße auf dem Weg zur Weide. In kleinen Senken wird versucht, der kargen Steppe ein wenig Ackerland abzuringen. In dieser Region gibt die Erde ihre Früchte nur unter harter mühseliger Arbeit preis. Artem hält an einer Imkerei an. An einem kleinen Tisch an der Straße stehen ein paar Gläser Honig, die zum Verkauf angeboten werden. Wir verlieren uns mit den Blicken in der Weite der Landschaft. Unter der Mittagssonne verflirren die Konturen der Wiesen in den Himmel hinein. Als wären sie trunken, schwanken die Gräser in der heißen Luft. Am Honigtisch werden harte Verhandlungen geführt. Es wird geschimpft und gemosert und am Ende hat Artem seinen Honig und alle sich wieder lieb. Dennoch grollt es nach. Wir spüren es und fragen nach. Rita berichtet, dass man über die Qualität des Honigs gestritten hat, die im Laufe der letzten Jahre spürbar abnimmt. Ursache ist wohl die zunehmende Zufütterung der Bienen oder Streckung des Honigs mit Zuckerwasser. Das war auch Grund der heftigen Diskussion mit dem Imker.

Wir verlassen nun die Bienenweiden und geraten in eine völlig andere Vegetationszone. Wald! Das ist ungewohnt. Zum Mittag halten wir an einer kleinen Wirtschaft am Gebirgsbach unter dem Blätterdach grüner Bäume. Das Wasser plätschert fröhlich einher und erfrischt uns optisch. Denn eine andere Erfrischung bietet im Moment wirklich nur die Klimaanlage im Auto, die wir heute tatsächlich eingeschaltet haben. Ein unfassbar warmer Wind bläst uns beim Mittag wie ein Föhn um die Ohren. Es sind schwüle 43°C. Meteorologischer Höhepunkt unserer Reise. Schnell haben wir uns gestärkt und die Wasservorräte aufgefüllt. Der nächste Halt verspricht etwas Abkühlung. Doch bis wir die 700 Jahre alte Karawanserei am 2410 Meter hoch gelegenen Selimpass erreichen verschlägt es uns ob der Gewaltigkeit dieser Landschaft mehrfach den Atem. Die strahlende Sonne versammelt den Goldschatz des Himmels und gießt ihn in warmem Licht über die Weite der Steppe aus.

Es lässt sich einfach nicht in Worte fassen, wie einem das Herz aufgeht, wenn sich das Auto hinauf auf die Hochebene schlängelt und in jedem Augenblick neue wunderbare Perspektiven offenbart werden. Oben angekommen könnten wir stundenlang verweilen und einfach nur schauen. Als kleine Geschöpfe inmitten dieser unfassbaren Schöpfung.

Stunden bleiben uns jedoch nicht, denn wir sollten bis zum Abend den Sevansee erreichen.

Man erkennt noch immer die Spuren des Raubbaus, die an dieser blauen Perle getrieben worden sind, auch wenn sich der Wasserspiegel langsam wieder stabilisiert. Dennoch fehlen ihm noch immer viele Meter Wasser und einige reiche und einflussreiche Herrschaften, die ihre Feriendomizile nah am Ufer des Sevansees errichteten, haben kein wirkliches Interesse daran, dass der Wasserspiegel weiter steigt, weil dann ihre hübschen Villen nasse Füße bekommen würden. Es ist ein gärender Wettstreit zwischen Kommerz und dem Schutz eines beinahe zerstörten Juwels.

Den Ort Sevan erreichen wir etwas später als geplant, eine gesperrte Hauptverkehrsstraße riss uns aus dem Zeitplan. So ist es schon kurz vor 18 Uhr, als uns Artem an die 230 Stufen heran gefahren hat, die zum dortigen Kloster führen.

Schreck! Ein Gefühl übermannt mich, das dem ähneln mag, das einen erfüllt, wenn man nach einer langen einsamen Alpentour plötzlich vor den Toren Neuschwansteins landet. Georg fragt verstört, was das denn sei, wo wir nun wären. Meine spontane Antwort: "Hallo Tourismus!". Rita lächelt, "Genau das ist es!". Sogar das Gewusel im Felsenkloster Geghard war dagegen beschaulich. Ungewohnte dichte Menschenmengen überwabern das Gelände. Die Händler, die hier ihre Waren anbieten, unterscheiden sich merklich von denen, denen wir bisher begegnet sind. Es sind Profis. Keine Spur von der liebenswerten Zögerlichkeit, die selbstgemachten Waren anzupreisen, wie wir es bisher erleben durften. Irgendwie ist es auch verständlich. Hier ist das 'Meer', der Strand, all das, was das Touristenherz begehrt. Schon in Sowjetzeiten war dies ein Zentrum für Ferienurlauber. Das spürt man. Und insgeheim wünschen wir uns für dieses schöne Land, dass diese Art von Urlauberschwemme auf wenige kontrollierbare Ecken begrenzt bleibt. Auch wenn eine Touristenwalze wohlgesinnt ist, so plättet sie doch, wenn sie zu groß wird, die feinen sensiblen und filigranen Einzigartigkeiten einer Region unwiderruflich nieder. Der Grat ist schmal und es wäre unendlich schade.

Wir wühlen uns also durchs krawallbunte Gedränge. Georg wäre am liebsten gar nicht mitgegangen. Es kostet wirklich Überwindung. Um bis 18 Uhr noch in der Kirche zu sein, sollten wir uns sputen. Ich spute mich. Eile am Tatzelwurm von Leuten, der sich über die Treppe schleppt, auf den danebenliegenden natürlichen Felsstufen vorbei. Mensch an Mensch gedrängt, schiebt sich die Menge gleichzeitig empor und wieder hinab, gerät ins Stocken, sortiert sich neu, quietscht durcheinander und staunt miteinander. Fünf Minuten vor 18

Uhr habe ich das Plateau erreicht. Die Menschendichte nimmt spürbar ab. "Wo sind die alle?", frage ich mich und steuere antwortlos auf die kleine Kirche zu. Ich erwarte einen lauten überfüllten Kirchenraum, doch ich habe mich geirrt, zu meiner großen Überraschung. Nur eine Gruppe Kinder ist hier. Mucksmäuschenstill. Nun staune ich wiederum. Ich schiebe mich nach einigen Augenblicken des Innehaltens an ihnen vorbei, um zumindest noch einen Blick auf den so besonderen Kreuzstein zu werfen. Denn dieser hier ist einer der wenigen, der eine Christusdarstellung aufweist. Als ich ihn in einer dunkelrötlich schimmernden Ecke erspäht habe, werde ich durch einen lauten Knall aus der inneren Stille gerissen. Die Seitentüren werden gerade verschlossen. Es wird Zeit zu gehen. Aber ich muss mich noch etwas gedulden, denn die Kinder verlassen gerade den Raum. Eines nach dem anderen - jetzt nicht mehr ganz so still - aber hochkonzentriert in dem, was sie tun: Rückwärts steigen und stolpern sie die Stufen zum kleinen Portal empor. Jedes Kind will es perfekter machen, als das andere. Wie kleine Seiltänzer überwinden sie den holprigen Parcours zur Türe, bekreuzen sich und balancieren sich immer noch den Blick unverwandt zum Altar gewandt die Stufen vor der Türe wieder hinab. Eine Mischung aus Freude vor der Herausforderung, aber auch Ehrfurcht liegt in ihren Augen. Draußen schnattern sie dann fröhlich und losgelöst drauf los.

Ich gönne mir die Bequemlichkeit und gehe vorwärts zum Ausgang, um an der Schwelle neben einem freudig lächelnden Mädchen noch einmal innezuhalten und mich zum Kreuz umzukehren.

Zurück im freundlichen Licht der maritimen Abendsonne lasse ich den Blick über die Anhöhe schweifen. Tatsächlich haben die meisten Gäste die vielen Stufen erklommen, um Selfies mit der herrlichen Aussicht auf den Sevansee zu schießen. Und die Ströme der Fotopilger reißen nicht ab.

Es ist ein ähnlich komplizierter Balanceakt, die lange Treppe des Hügels wieder hinab zu steigen, wie ihn die Kinder auf den Kirchenstufen vollzogen haben. Kurz vor Erreichen der Treppenbasis heißt es aber noch einmal eine Pause einzulegen. Eine wirkliche Pilgergruppe hat sich auf den Weg nach oben gemacht. Viele ältere Menschen, vor allem Frauen, die zum Teil erhebliche Mühe haben die felsigen Stufen zu erklimmen, haben mit dem Aufstieg begonnen. Wie ein komplexes Konglomerat, in sich vernetzt und untereinander Halt und Stabilität gebend, schieben sie sich langsam die Treppe hinauf. Es besteht keine Möglichkeit diese Traube zu durchbrechen, um den Weg nach unten fortzusetzen. Man kann nur anhalten, beiseite treten und warten, bis sich diese symbiotische Menschengruppe vorbei gequält hat. Ob sie wissen, dass die Kirche mittlerweile abgesperrt ist? Ob sie jemanden finden, der wieder aufsperrt? Es ist ihnen sehr zu wünschen, denn der Weg ist wahrlich mühselig für diese Leute. Rita, die unten auf uns gewartet hat, spendiert uns noch einen armenischen Kaffee, dann fahren wir erschöpft und bewegt von den Eindrücken des Tages ins Hotel. Das Warenangebot der Straßenverkäufer hat auch gewechselt: Räucherfisch und Holzbündel haben Obst und Gemüse abgelöst.

Das Hotel selbst ist ein merkwürdiges Haus. Es ist sehr groß, der Eingangsbereich und die Zimmer sind sehr vornehm, aber es ist mir alles hier zutiefst suspekt, ohne dass ich erklären könnte, woher diese Skepsis kommt. Bevor wir uns wieder zum Essen zusammenfinden, geht es ganz kurz noch an das Ufer des Sees. Wenigstens die Füße möchte ich eingetunkt und ein paar Schritte über den schwarzen Sand gemacht haben. Der Tag neigt sich dem Ende zu, aber der Magen knurrt. Wir gehen in den Speisesaal. Ein riesiger Raum wartet auf uns. Nur vereinzelt ist ein Tisch besetzt. Alle Stühle sind unter weißen Hussen versteckt. Es sieht aus, als wäre das ganze Mobiliar mit Schutzbezügen fürs Malern kostümiert. Am Ende des Raumes ist ein Tisch für uns eingedeckt. Durch den weißen Stuhlwald wandern wir zum angewiesenen Platz. Dort angekommen will Artem seine Wasserflasche öffnen, was mit seinem Gipsarm immer noch nicht wirklich gut geht. Ich nehme sie ihm ab und will helfen. Plötzlich ist mir die Flasche abgenommen worden. Hinter mir steht ein Angestellter und öffnet sie. Damit hatte ich nicht gerechnet, denke mir aber für den Moment nicht viel dabei. Wir fangen an uns die Vorspeise aufs Geschirr zu laden und zu essen. Plötzlich taucht wieder dieser Mann auf, nimmt die verschiedenen Platten mit Speisen, eilt um den Tisch herum und platziert auf unseren Tellern weiteres Essen. So geht es dann auch mit dem Hauptgang. Während ich am Überlegen bin, ob ich noch ein Stück des schmackhaften Seefisches verputzen möchte und wenn ja, was ich dazu essen mag, hat der Mann schon einen Brocken davon auf meinem Teller drapiert. Man mag das jetzt für vornehm halten, mich macht es völlig kirre, denn ich habe das Gefühl, nicht mehr Herrin meines eigenen Tellers zu sein. Und eine Kartoffel aus der Schüssel werde ich mir doch wohl noch ohne fremde Unterstützung herausholen können? Ich komme mir vor, wie ein unmündiges Kleinkind behandelt zu werden und bin froh, als der Mann verschwunden ist. Allerdings ist er dann so gründlich verschwunden, dass es eine gewisse Anstrengung erfordert, noch eine weitere Flasche Wasser zu bekommen. Ich hatte gehofft, der Herr putzt derweil die Gabeln, die das nötig gehabt hätten, aber diese Hoffnung war unbegründet.

Um 6:30 Uhr am nächsten Morgen bin ich wach. Der Sevansee liegt herrlich und ruhig in seinem Bett. Während ich auch noch in meinem Bett liegend darüber nachsinne, wie wunderbar es jetzt wäre, ans Ufer zu gehen, schlafe ich wieder ein. Schade eigentlich.

Beim Frühstück sind wir dann mit Ausnahme eines älteren Herrn die Einzigen. Um 8 Uhr wollen wir uns treffen. Fünf Minuten vorher ist der Speisesaal noch verschlossen. Ich drehe eine Runde in den Hotelkatakomben und gehe zur Toilette. Als ich es mir mehr oder weniger bequem gemacht habe, quetscht sich eine große, dicke Spinne unter der Toilettentüre durch und marschiert schnurgerade auf mich zu. Ich habe meine phobischen Anwandlungen bei der kleinen Spinne in der Badewanne gestern völlig im Griff gehabt, aber dieses Riesenexemplar bekomme ich nicht einsortiert. Und so finde ich es gerade schrecklich praktisch, dass die Gänge im Hotel um diese Zeit menschenleer sind und wechsle in aufgeregter Hektik mit ein paar akrobatischen Sprüngen die Kabine. Beim Frühstück ist so mein Kreislauf auf Betriebstemperatur, die Gabeln sind aber noch immer nicht wirklich sauber. 'Mehr Schein als Sein', das kann man in diesem Hotel getrost behaupten. Rita berichtet später, dass es einem russischen Oligarchen gehört, der es nach der politischen Wende gekauft hat und vor allem auf reiche russische Feriengäste ausgerichtet hat. Die schmutzigen Gabeln erwähne ich erst, als wir schon weit weg sind, denn Rita hätte wahrscheinlich das komplette

Servicepersonal zur Minna gemacht und die dicke Spinne hat mir als Aufreger am Morgen wirklich gereicht.

Nach dem etwas merkwürdig anmutenden Frühstück führt uns der Weg durch hügelige Graslandschaften. Der grüne Bewuchs schmiegt sich an den Untergrund wie ein weicher seidiger Teppich. An den teilweise sehr steilen Hängen herrscht rege Betriebsamkeit. Gras wird gemäht und zusammengerecht. Heu wird gewendet und auf Karren geladen. Alles ist mühevolle Handarbeit. Kindheitserinnerungen werden wach.

Nachdem wir einen ziemlich maroden Tunnel passiert haben, finden wir uns auf 1900 Metern Höhe und in saftig grüner Mischwaldvegetation wieder. Alles, auch die Erscheinungsbilder der Ortschaften, sind völlig anders, als wir es bisher erlebt haben. Am Straßenrand werden jetzt Maiskolben gegrillt und zum Verkauf angeboten. Wir befinden uns in der gemäßigten Klimazone des Landes. Während sonst im Winter das Thermometer deutlich unter -10°C sinkt und im Sommer über 40°C keine Seltenheit sind, genießen die Bewohner dieses Landstriches milde 0°C im Winter und maximal kühle 30°C im Sommer. Verständlich, dass hier willkommene Rückzugsmöglichkeiten für Erholung suchende Armenier entstanden sind.

Wir erreichen die Stadt Dilijan. Im Kurort selber sind die Spuren seiner turbulenten Geschichte unverkennbar. Hier die Plattenbauwälder der russischen Besatzungszeit, dort die letzten und dank der privaten Tufenkian-Stiftung erhaltenen und wieder aufgebauten Häuser aus dem 19. Jahrhundert. Hier ein sowjetisches Monument, dort eine Plastik von Märchenfiguren. Hier leer stehende Industriegebäude, dort das neue internationale UWC-College, das auf Bestreben und mit der Finanzierung des Seilbahn-Initiators entstanden ist und durch sein hohes Niveau und das durchdachte Gesamtkonzept schnell zu einem Leuchtturm der armenischen Bildung geworden ist. Ohne Menschen, wie Rouben Vardanian wären die Schritte, die Armenien vorangehen kann, deutlich kürzer. Das Empfinden über die bizarre Zweischneidigkeit der russischen Besatzungszeit holt uns hier in Dilijan besonders intensiv ein. Einerseits waren (und sind?) die Russen sehr wohl ein wirksamer Schutz vor den Türken. Wissenschaft, Bildung und Forschung wurden nachhaltig gefördert. Kunst und Kultur (wenn die Ideologie passte) hatten einen hohen Stellenwert. Industrie und Wirtschaft wurden intensiv vorangetrieben. Vieles davon liegt heute brach. Aber der Preis der Besatzung war hoch. Bis heute hängt man am wirtschaftlichen Tropf Russlands. Die Entwicklung im Land war keine eigene sondern eine aufgedrückte fremdbestimmte Entwicklung. Vielfalt fiel häufig Uniformität zum Opfer und individuelle Entfaltung war nur in einem politisch abgesteckten Rahmen möglich. Für den Erhalt und den Wiederaufbau der christlichen Kulturstätten wurde wenig Engagement an den Tag gelegt. Kirchen wurden zerstört und die Armenier damit weiterer Teile ihrer Identität beraubt. Die Besatzungszeit hat das Erscheinungsbild der Landes intensivst geprägt. Bittersüß ist der sowjetische Einfluss. Eine seltsame Hassliebe. Wobei die Liebe in diesem Konstrukt eher kühl und nüchtern daher kommt...

Im kleinen Sträßchen der erhaltenen historischen Altstadt Dilijans, in der sich auch Meister des traditionellen Handwerks angesiedelt haben, gönnen wir uns noch den Besuch einer provisorisch eingerichteten Kirche. Leise schleichen wir uns hinein und beobachten still das Geschehen. Ein Priester und zwei Männer stehen. Zwischen ihnen, das erkennen wir im rötlich warmen Dämmerlicht erst nach einiger Zeit, kniet ein

weiterer Mensch unter einer Decke. Der Priester spricht ein langes Gebet. Er hat es noch nicht beendet, als wir uns wieder zurückziehen. Offenbar handelte es sich um eine Krankensegnung, wie Rita uns berichtet.
Auf dem nun folgenden Weg ins Kloster Sanahin passieren wir die Stadt Alaverdi. Ein Teil der Stadt befindet sich am Grunde einer Schlucht, ein anderer auf den umgebenden Anhöhen. Der Anblick ist faszinierend. Diese oberen neuen Stadtteile sind Ergebnisse der Wirtschafts- und Infrastrukturpolitik während der Sowjetzeit. 'Schnarchsilos' reihen sich hier aneinander. Der Blick in die Tiefe der Schlucht ist nicht nur atemberaubend, sondern bisweilen auch erschreckend. Wie Gerippe seltsamer Urzeitwesen lagern die rostigen Stahl- und Betonskelette der Industrieruinen am Ufer des Flüsschens. Nur noch ein kleiner Rest der einstigen Montanindustrie ist in Betrieb und liefert Kupfererz für den Export.
Nach den beschwerenden Eindrücken, die die traurigen Industriefriedhöfe hinterließen, ist es wohltuend, auf dem grünen, schattigen Klosterhof von Sanahin zu stehen. UNESCO-Weltkulturerbe, dennoch recht ruhig und verwunschen. Und nach der Zerstörung falsch zusammengebaut, sodass Teile der Kirche am Auseinanderbrechen sind. Wieder treffen wir auf deutschsprachige Gäste - diesmal mit Hund. Die beiden Mädels werden bald in einem großen Fettnapf landen, denn sie rennen mit ihrem Wuffel durch die heiligen Hallen. Rita sorgt für Ordnung und lässt den Hund hinausbringen. Ebenso wird ein kleines Mädchen zurückgepfiffen, das sich von der Mutter davon geschlichen hat und nun im Presbyterium herum springt. Genau genommen wird die Mutter gemaßregelt, nicht das Kind.

Sehr spannend ist die Bibliothek, die uns Rita von einer älteren Dame aufschließen lässt. Im Zentrum liegt eine riesige runde Steinplatte. Hier wurde Pergament hergestellt. Rundherum dunkle Nischen, in denen die Schätze der Schreibkunst aufbewahrt wurden. An einer Wandseite findet sich eine Ansammlung von Tonkrügen. Sie wurden zur Verbesserung der Akustik dort installiert - in den 1980ern haben die Jugendlichen dafür dann Eierkartons an die Wände geklebt... Tiefe, in den Boden eingelassene Tongefäße laden den unvorsichtigen Besucher ein hineinzufallen. Ursprünglich dienten sie der Aufbewahrung von Vorräten.

Wie eigens bestellt, steht die Sonne im Zenit und strahlt nahezu senkrecht durch die Öffnung in der schlichten Steinkuppel. Über einer der berühmtesten Säulen des Landes - sie ist nämlich auf dem 5000 Dram-Schein abgebildet - fangen sich die Lichtstrahlen und tauchen dieses Bröckchen mausgrauen Gesteins in ein gleißendes, schneeweißes Licht. Schwer fällt es, die Bibliothek mit ihrer atmosphärischen Fülle zu verlassen.

Als wir auf dem Klostergelände stehen und ich die mit Gras und Kräutern überwachsenen Dächer und Reliefs der Klostermauern bestaune, stellt sich ein Gefühl von Abschied ein. Morgen um diese Zeit werden wir schon zurück in Deutschland sein. Es fühlt sich unglaublich weit weg an und rückt doch näher und näher. Noch haben wir aber ein Ziel vor uns. Das Schwesterkloster von Sanahin: Haghpat.

Vor dieser letzten Etappe stärken wir uns. Auf einem kalkfarbenem, hubbeligen Schotterweg geht es ans Ende der Welt. Wenn wir plötzlich am Rande der Erdscheibe ankämen und hinabstürzten, es würde mich nicht wundern. Damit das nicht geschieht, haben sich große Reisebusse schützend vor den vermeintlichen Abgrund gestellt. Die passen auf den ersten Blick hierher wie Himbeeren ins Gewürzgurkenglas.

Auf den zweiten Blick erkennen wir am Weltende ein Ausflugslokal. Ein kleines Hotel und ein paar Bungalows sind angeschlossen. Es ist wirklich hübsch hergerichtet. Man wittert Geklüngel und dunkle Geschäfte. Völlig zu Unrecht. Manchmal meint es das Schicksal auch einfach gut. Ein fleißiger Einheimischer war vor ein paar Jahren mit seinem einfachen mobilen Schaschlikspieß zur richtigen Zeit am richtigen Fleck. Mundpropaganda, ein langer Atem und wohlwollende Landsleute, die Besuchergruppen aufgrund seiner wirklich schmackhaften Spezialitäten gern an seinem Verkaufsstand vorbeilotsten, haben ihn dorthin geführt, wo er heute ist. So sitzen wir in munterer Runde zusammen. Österreicher, Armenier, Franzosen, Russen und wir und lassen uns alle das köstliche Essen schmecken. Rita verschwindet. Wir denken, sie kümmert sich um die Rechnung. Dann taucht ein junger Kellner lächelnd auf und jongliert vier Kuchenstücke samt kugeliger Fußball-Kerzen zu unserem Tisch. Artem hat Geburtstag. Und niemand hat etwas gesagt. Der zitronengelb leuchtende Kuchen passt mit seinem etwas synthetischen Geschmack in diese muntere und bunte Runde.

Fröhlich und vollgefuttert fahren wir weiter nach Haghpat. Wie versunken schauen Teile der Klosteranlage aus der Grasnarbe heraus. Diese Schutzmaßnahme hat einiges an Zerstörungen verhindern können.

Die Besonderheit: ein ausgemalter Altarraum in der Kirche. Teile der Fresken sind ungewöhnlich gut erhalten. Es ist ein ganz besonderer An- und Augenblick, hier zum Abschluss nicht nur den Gekreuzigten auf einem wunderbar filigran gearbeiteten Chatschkar vor dem Portal zu erblicken, sondern auch von der Darstellung des Weltenherrschers im Kirchenraum umspannt zu sein.

Neben dem Altarraum, ganz unscheinbar an der Wand, ist ein Reliquienschrein angebracht. Ein Splitter des Kreuzes Jesu soll hier aufbewahrt werden. Eine ganze Weile starren wir schweigend den Schrein an und schleichen dann mit etwas Wehmut im Herzen zum Parkplatz. An einem Kiosk kaufen wir noch zwei Geburtstagsschachteln Zigaretten für unseren zuverlässigen Fahrer.

Obwohl er sich übers Geschenk freut, stehen Sorgenfalten in seinem Gesicht. Ein Reifen hat den schlechten Straßenverhältnissen Tribut zollen müssen. Uns trifft es immerhin nicht so hart, wie einen der Busse. Dort ist der Keilriemen gerissen. Die sitzen jetzt wirklich fest, während wir mit einem Kompressor den Reifen wieder soweit aufpumpen können, dass schadlos die nächste Werkstatt erreicht werden kann. Rita versucht noch für den Bus und seine

Besatzung eine Lösung zu organisieren. Ob sie letztlich einen der Vorschläge umsetzen? Wir werden es nicht mehr erfahren.

Mit nervösen Blicken und angestrengtem Lauschen in Richtung Hinterachse nähern wir uns endlich einer der in Armenien häufig anzutreffenden kleinen Werkstätten direkt an der Straße. Der Zustand der Verkehrsadern und der sich darauf bewegenden Fahrzeuge machen dies notwendig, vor allem im ländlichen Raum.

Während Artem mit dem Mechaniker die Angelegenheit bespricht, versuchen wir aus einem Getränkeautomaten Kaffee heraus zu bekommen. Klappt ganz gut und ist ein Schnäppchen. Rita macht noch ein Schwätzchen im angeschlossenen Tante-Emma-Laden und nach einer Weile prangt das Ersatzrad jungfräulich an unserem Van. Sowohl wegen der zeitlichen Verzögerung als auch wegen des Zustands der Straßen, fahren wir erneut über Stepanawank, einem Städtchen, das als Erholungsort dient, zurück in Richtung Yerevan. Unterwegs nun Sonnenblumen im Straßenverkaufsangebot.

Die Straße führt uns entlang einer Siedlung 'Sektierer', wie Rita sich ausdrückt. Das ist allerdings nicht verächtlich gemeint. 'Molokanen' ist ihre offizielle Benennung. Fasziniert ist Rita von den Menschen mit den hellen Haaren und den tiefen blauen Augen. Sehr tugendhaft leben sie, erklärt sie uns und sie sind sehr fleißig und zuverlässig. Ihre Glaubensansichten teilt sie bei weitem nicht. Denen haben sie schließlich ihren inoffiziellen Namen zu verdanken. Für einige Arbeiten im Land werden aber wohl besonders gerne Molokanen eingestellt, weil sie so ausgesprochen sorgfältig und genügsam sind. Durchmischung mit Armeniern gibt es kaum. Ab und an, erzählt Rita, kommt das schon vor, aber beiden Volksgruppen ist jede 'eigene' Menschenseele so kostbar (da es so wenige von ihnen gibt), dass man die Kinder ungern von 'den Anderen' annektieren lässt. Dennoch lebt man friedlich zusammen im Land, ohne jetzt besonderen Wert auf gegenseitige Integration zu legen. Man genießt das Nebeneinander ohne viel Miteinander. Ähnlich verhält es sich mit den kurdischen Jesiden, die um 1895 einwanderten. Sie haben ihre eigenen Siedlungen, gehen ihrer Arbeit nach. Man steht, wenn es sinnvoll ist, in Kontakt und gegenseitigem Austausch. Jeder hat seinen Platz und seinen Raum und jeder kocht seine Suppe, in die der andere nicht hinein spuckt. Weil man sich respektiert. Weil ein gemeinsames Schicksal verbindet: das einer (verfolgten) Minderheit. Und weil man keinen Anspruch auf das Hab und Gut des anderen erhebt. Kann ganz einfach sein.

Und eine weitere Gemeinsamkeit gibt es: die Kühe. So ist es für uns nicht wirklich ersichtlich, ob wir soeben in eine armenische, kurdische oder molokanische Kuhherde geraten sind. Lachend halten wir an und warten, bis alle Kühe gemächlich am Auto vorbeigetrabt sind.

Einem tiefen Riss in der Landschaft folgend, gelangen wir nach Spithak, Zentrum der jüngsten Katastrophe im Land. 1988 war hier das Epizentrum eines verheerenden Erdbebens. Spuren hat es viele hinterlassen, eine davon ist der tiefe Graben. Bis auf eine Mühle und einen der vielen Chruschtschow-Bauten, die unerklärlicherweise nicht beschädigt wurden, legte die Reiberei der tektonischen Platten den ganzen Ort, die ganze Region in Schutt und Asche. Unzählige Opfer gab es. Die offiziellen Zahlen von 25.000 Toten werden von den inoffiziellen Opferzahlen um etwa das Zehnfache überboten. Tatsache ist jedoch, jeder von ihnen war einer zu viel. Ungeachtet des kalten Krieges schloss sich damals ein internationales

Unterstützungsprojekt an dieses Unglück an. Die Norweger errichteten z.B. ein Krankenhaus, das bis heute die Menschen in der Region versorgt. Ebenso das Deutsche Rote Kreuz. Andere Nationen unterstützten den Aufbau von Ortsteilen am Rande des zerstörten Stadtkerns, damit die Menschen im kalten Winter bald wieder ein Dach über den Kopf bekamen. Noch heute werden die Bereiche als 'Deutsches Dorf', 'Holländisches Dorf' oder 'Schweizer Dorf'... benannt.

Mehr als deutlich wird hier in der Region die Verzahnung der Umstände der wirtschaftlichen Schieflage. Die politische Wende, die Zerstörungen durch das Erdbeben, die enorme Abhängigkeit von Großmächten, die neueste Wirtschaftskrise, Korruption... Zumindest erholt sich hier und da ein Industriezweig langsam. Man stellt z.B. Zigarettenfilter in großer Menge für den Export her, in einigen Orten etablieren sich wieder Betriebe der Textilbranche, der Tourismus entwickelt sich. Es ist vieles in Bewegung.

Auch wir bewegen uns: unaufhaltsam Yerevan und damit dem

Ende der Reise entgegen. Es ist schon dunkel, als wir im Hotel ankommen.

Wenige Stunden später - um zwei Uhr in der Nacht, stehen unsere treuen Begleiter der letzten Tage vor dem Hotel und warten auf uns. Ein letztes Mal geleiten sie uns durchs nächtliche Yerevan. Bis zum Flughafen und auch hinein.

Erst als der Check-In erledigt ist, heißt es Abschied nehmen.

Dank an Artem und gute Wünsche für den kaputten Arm, von dem heute der Gips abgenommen werden soll. Ein kleiner, wenig ernstzunehmender Streit ums Trinkgeld. Bei einem Durchschnittseinkommen von 200 Euro im Monat, ist die Gegenwehr gering. Sowohl bei Artem als auch bei Rita. Sie will, auch wenn sie es ohnehin schon ganz genau weiß, dann doch noch einmal hören, wie fantastisch die letzten Tage waren. Die Bitte, die sie daraufhin äußert und vor allem der bittere Ernst, in dem sie sie äußert, lässt uns erstarren und hallt bis heute empfindlich nach: "Erzählen Sie von dieser Reise. Machen Sie uns bitte bei all Ihren Freunden und Angehörigen bekannt. Nur wenn die Menschen über uns Bescheid wissen, haben wir eine Chance, nicht unterzugehen."

Wir versprechen es ihr. Wie könnten wir nicht über diese Reise mit ihren Erlebnissen berichten, die uns in ein Land geführt hat, das einem Gebet gleicht: mit Höhen und Licht bis in den Himmel, mit Tiefen und Schatten, die dunkler sind als das Schwarz der Nacht, mit Freude und Schmerz und in einem Zustand des Hin- und Hergerissenseins, ohne jedoch jemals die wahre Mitte verloren zu haben. Das, was an Ritas Bitte die größte Beklemmung auslöst, ist die Tatsache, dass die weltpolitische Gemengelage die dunklen Befürchtungen nicht einmal zu zerstreuen vermag.

Heute brauche ich keine Startmedizin.

Auf dem Weg zum Rollfeld fällt mein Blick völlig unerwartet auf ein sehr vertrautes staubgraues Schleppdach. Als wenn es zum Abschied noch grüßen wollte. Heute warten keine gestrandeten Soldaten darunter. Es ist gut so.

Wir heben noch im Dunkel der Nacht ab. Das Flugzeug steigt in die Luft. Dieses unbeschreibliche Land unter uns entzieht sich unsichtbar im Schatten des noch nicht angebrochenen neuen Tages einer weiteren Betrachtung. Den letzten Blick dieser Reise auf die Landschaft Armeniens und seine Menschen müssen wir mit dem Herzen durch die Dunkelheit hindurch darauf werfen.

Müde erreichen wir heimische Gefilde. Das Gepäck ist noch irgendwo in Warschau unterwegs und soll nachgeliefert werden. Es ist so unwichtig in diesen Tagen.

Zu Hause schaue ich in den Besteckkasten. Da liegt er: der Löffel. Von vor vier Jahren.

Eines ist gewiss. Den werde ich nicht abgeben!

Nachwort und Dank

Der Erlös, der aus dem Verkauf dieses Büchleins erzielt wird, kommt den "Little-Prince-Zentren" für sozial benachteiligte Kinder und Jugendliche in Nordarmenien zu Gute - ein Projekt der Caritas International. Daher Ritas Einladung an den geneigten Leser: "Erzählen Sie von dieser Reise. Machen Sie uns bitte bei all Ihren Freunden und Angehörigen bekannt. Nur wenn die Menschen über uns Bescheid wissen, haben wir eine Chance, nicht unterzugehen."

An dieser Stelle sei allen gedankt, die die Verwirklichung dieses Buches unterstützt haben, ganz besonders Georg für die Begleitung meines Weges und meinen Eltern für ihre immerwährende Unterstützung, aber auch allen TestleserInnen, KritikerInnen und Ermunterern.
Ein herzliches Dankeschön natürlich auch an Rita und Artem, die so viel Anteil daran hatten, dass diese Reise zu dem werden konnte, was sie geworden ist.

Und Dank Dem, Dessen Wege oftmals unergründlich sind, aber so das Leben hier und dort völlig unerwartet wunderbar bereichern.

Erläuterungen

[1]**Karabach:** Ursprünglich armenisches Territorium, das durch fruchtbare Böden und Wasserreichtum landwirtschaftlich große Relevanz in der Region besitzt. Poltisch ist Karabach Teil Aserbaidschans. Massive Diskriminierungen, Vertreibungen der armenischen Bevölkerung im Gebiet und die große landwirtschaftliche Bedeutung sind Ursache permanent schwelender (teilweise bewaffneter) Konflikte um Unabhängigkeit bzw. Rückführung zum armenischen Staatsgebiet. 1991 wurde durch die Bewohner die unabhängige Republik Berg Karabach ausgerufen. Diese wurde völkerrechtlich bisher nicht anerkannt.

[2]**Genozid:** Seit Jahrhunderten war das Territorium des armenischen Reiches Austragungsort diverser militärischer Konflikte. Osmanen, Perser, später auch Georgier und Russen kämpften hier, oftmals auf dem Rücken des armenischen Volkes, für ihre Interessen. Nachdem im 19. Jahrhundert Armenien zwischen Russland und dem Osmanischen Reich aufgeteilt wurde, begannen gegen Ende dieses Jahrhunderts die ersten Verfolgungen und Hinrichtungen der Armenier durch die Osmanen. Berichtet wird von etwa 300.000 Toten.
Zu Beginn des 20. Jahrhunderts wurde der damalige osmanische Herrscher durch die Jungtürken gestürzt, die sich zunächst militärisch von den armenischen Einwohnern unterstützen ließen. Die Hoffnung der Armenier auf ein friedliches Miteinander schwand jedoch schnell. Mit zunehmendem Expansionsdrang der Jungtürken sahen diese in den armenischen Bürgern, die einen bedeutenden Anteil der Bildungselite des Landes ausmachten, eine Bedrohung, die es

auszuschalten galt. So wurde 1915 mit der Verhaftung, Deportation und Hinrichtung etwa 600 armenischer Intellektueller der erste Genozid des 20. Jahrhunderts eingeläutet, der ca. 1,5 Millionen Armeniern das Leben kostete und den Großteil der Überlebenden dieses Volkes in alle Welt versprengte. Etwa zwei Drittel des armenischen Volkes leben im Ausland. Das heutige Armenien, dessen Fläche nicht größer ist, als die des Bundeslandes Brandenburg (ca. 30.000 km²), ist derzeit etwa 3 Millionen Einwohnern ein Zuhause.

[3]**König Trdat III.:** Trdat III. war im ausgehenden 3. Jahrhundert König von Armenien. Im Land verfolgte er die wachsende christliche Gemeinde. So ließ er auch den heiligen Gregor den Erleuchter für 13 Jahre in Kerkerhaft nehmen, bis ihn, so besagt die Legende, eine schwere Krankheit ereilte, die ihm das Aussehen eines Wildschweins verlieh. Gregor, der sich trotz seiner Gefangenschaft weigerte, seinem Glauben abzuschwören, heilte den König schließlich. Trdat III. ließ sich zum Christentum bekehren, rief es zur Staatsreligion aus und schuf so den ersten christlichen Staat der Welt.

Verzeichnis der Abbildungen

S. 10: Blick von der Ausgrabungsstätte Erebuni auf Wohnbezirke Yerevans
S. 13: Mahnmal des Genozid, Zizernakaberd
S. 17: UNESCO- Weltkulturerbe, Zwarnotsch
S. 18: Chatschkar, Surb Hriphsime, Vagharschapat
S. 21: Festung Amberd
S. 23: Khasach-Schlucht, Saghmosavank
S. 26: Armenische Steppe, Blick auf Ararat und seine Hochebene
S. 29: Basaltsäulen, Azat-Schlucht
S. 33: Kloster Geghard, Gavith und zweite Felsenkirche
S. 36: Kloster Chor Virap, Blick aufs Kloster, Steinkreuz im Kerker des hl. Gregor
S. 39: Kloster Noravank, Täuferkirche
S. 44: Kloster Tatev, Peter- und Paulkirche
S. 48: Blick vom Selimpass
S. 51: Sevankloster am Sevansee
S. 57: UNESCO-Weltkulturerbe Sanahin-Kloster, Bibliothek
S. 59: UNESCO-Weltkulturerbe Kloster Haghpat, Heiligkreuzkirche
S. 62: Sonnenuntergang über dem Aragats
S. 64: Löffel

Fotos: I. Kleinsteuber (2016)
Umschlag: I. Kleinsteuber (2017)

Quellenangaben:

Rita und andere Menschen auf der Reise
Notizbuch
Persönliche Erinnerungen
Informationstafeln vor Ort
Dum-Tragut, J.: Armenien, 3000 Jahre Kultur zwischen Ost und West, Trescher, 2014